[大家作品系列]

范曾 著

我与故国六十年

中央编译出版社
Central Compilation & Translation Press

范曾　1938年生于江苏南通,中国书画大师,著名国学家、诗人。现为北京大学教授、北京大学中国画法研究院院长,英国格拉斯哥大学名誉文学博士,中国艺术研究院博士生导师、终身研究员,南开大学终身教授,南开大学文学院、历史学院博士生导师,南通大学终身教授。2008年获法兰西国民之星金质勋章。2009年被联合国教科文组织任命为"多元文化特别顾问"。2010年9月,法国总统萨科齐向范曾先生授予"法国荣誉军团骑士勋章"。

范曾先生出身于中国有450年十三代诗人延绵不断的著名文化世家。他于文史哲诸领域博古通今,提倡"回归古典、回归自然",身体力行"以诗为魂、以书为骨"的美学原则,对中国画的发展厥功至钜,开创了"新古典主义"艺术的先河。他的文史哲著述中,所透露的人文关怀为国内外学界所共称,而其文章之雄奇优美,多次被誉为海内之首选。作为联合国教科文组织多元文化特别顾问,曾在联合国教科文组织总部发表"回归古典、回归自然"、"趋近自然"、"根本善"等专题报告。1984年,日本冈山县建立永久性的"范曾美术馆",为中国于世界唯一享此殊荣者。1986年,范曾先生捐建南开大学东方艺术大楼。范曾先生宅心仁厚,慈爱博施,被命名为"中国十大慈善家之一"。

范曾先生笔耕不辍,著作等身,著有《大丈夫之词》、《范曾诗稿》、《庄子显灵记》、《范曾简墨》、《尊贤画集——范曾与八大山人神会》、《范曾诗文集》、《范曾韵语》、《范曾散文三十三篇》、《范曾海外散文三十三篇》、《老庄心解》、《论文学》、《趋近自然》等约150部,中国国家图书馆收藏119部。

范曾先生有二十四字自评:痴于绘画,能书。偶为辞章,颇抒己怀。好读书史,略通古今之变。

总 策 划：薛晓源
篆　 刻：王玉忠
责任编辑：高立志
整体设计：海　洋
设计制作：錦繡東方
　　　　　www.jxdf88.cn

目 录

1　我与故国六十年（代序）

1　祖国·艺术·人生
　　——在南开大学的讲话

9　把艺术献给亲爱的祖国
　　——在全国青联第五届委员会第二次会议上的发言

17　扬起生命的风帆

37　"天行健，君子以自强不息。"
　　——在东京与留日学生一席谈

41　"月是故乡明"
　　——与留学联邦德国学生谈话

51　要为祖国和时代奉献力量
　　——与山东艺术院校同学对话

65　再造民魂　重振雄风
　　——在七届政协一次会议上的发言

71 奉献一颗真诚的心
   ——在东方艺术大楼奠基典礼上的致辞

75 我憧憬人生的清晨

79 岁月如歌
   ——北京电视台采访录

93 莽神州赋
   ——《范曾·宋雨桂·冯大中香港联展》序

95 炎黄赋

99 神话的破灭
   ——金融风暴中的警世危言

107 后现代主义艺术的没落
    ——在金融海啸中的思考

121 老骥伏枥，志在千里
    ——谈和谐社会

125 国学刍议

129 大道昌明天下闻
    ——就改革开放三十年答盈午问

143 关于艺术·人生·祖国的对话
    ——中央电视台《我们》栏目采访录

图片索引

4	玄奘	84	弈秋课徒图
12	老子出关（己丑年作）	89	送陈省身先生辞津赴美口占
16	倚马挥毫（书法）	92	莽神州赋（书法）
20	哀郢	94	炎黄赋（书法）
40	朗月在抱（书法）	114	柏拉图
42	屈原	118	知言识人
46	梦游天姥吟留别	120	孔子像
48	鹅	128	滋兰九畹
50	横经说剑（书法）	132	庄子
54	数学很好玩	138	和而不同
62	鲁迅先生造像	144	荷叶盖头归知是前山雨
68	鲁迅先生造像	148	老子出关（丙戌年作）
76	野趣	152	黄宾虹
78	沁园春	154	钟馗

林泉高致

我与故国六十年（代序）

范　曾

我珍惜对祖国的童贞之爱，这是藏之箱箧整整一个甲子的普通物件——我当中国儿童队员时的臂章。我十岁，是江苏省南通中学少儿队机械化中队、拖拉机小队的队员。一块小的白布，两寸见方，图案印刷粗糙，然而毛笔字隽秀端美，是父亲的笔体，表现出知识分子对新政权的诚挚。

我同样珍惜对母亲的拳拳之爱，那是父亲深藏六十年之后交给我保存的一张母亲的庚帖。年轻人已不知道它的意义，在旧时两家结亲，必先交换生辰八字。相克相合，全在两家的说辞，并无多大的科学根据。即使知识分子之家也不能免俗。不过，有一点可以肯定，没有这张红纸，便没有我父母一辈子相爱无猜的姻缘，也不会有我来到这纷繁的人间世。

同样经历了六十年，一块小布头和一张红庚帖，它们和我的命运甚至生命紧紧相连。

那不是一块简单的小布头，它和我的生命途程难舍难分。这其中贮藏着我一份无比纯洁的对祖国的眷念。那是童稚的、真实的、朦胧的，我以为那是一份光荣。我抚平它、深藏它，十年、二十年、三十年、四十年、五十年、六十年，岁月漫漫，我得过无以数计的可称辉煌的奖状、勋表和奖章，然而都无法与它比拟。普天下最了不起的是儿童心中升起的那份庄严。

祖国颂

国庆周甲溥海腾欢,域中各族,心辙律献,寰宇万邦,盛典共襄,峰岫岁月,壮烈史诗,迎河决海痌,砥柱可遏,纵山崩地裂,靠志成城,更埋火高擎,奥运登极,奉和谐为余民脆物兴,科学发展,循典依章,七国魂之大风范而时代之大交响之。民心所向,国脉斯存,《孟子·梁惠王》有云:"国人皆曰贤,然后察之,见贤焉,然后用之。""国人皆曰不可,然后察之,见寄焉,祺凌杏之此民本之点,可验于古更徵于今,所谓故国者,生民之所是寄托者之。颂嘤中华,青山不老,历德万斯年,顾美永葆,高怀云岭,逸兴遄飞,乃为《沁园春》一阕,以作《中国十大画师精品集》序,词云:

万古江山岭,极昆冈,逸遂苍翰。忆千年跋难,瘠痍满目,无疆闲厄,风雨如磐,地大物存,丹心岂失,悲愤何能填肺肝。真英烈,看丰碑百尺,挽住狂澜。纵羣雄竞敬马鞍。六十载,飞歌策马鞍。縱羣雄[頡]顉目,觏神州洗却冬寒。盟邦执手,璀璨同欢,翼载和谐,翱翔搏目科学权衡,发展观。浮大白,庆五星赤帜,块垾云瑞。

仵主英雄纪念碑前,百感交集回忆稿片战争以迄中华立地,备受凌厚,宰割荒芜遍野衣满满郁而中国之民族终发北徙继荒易奋斗,经历千难万险,终克场盖阴霾天宇大朗,放达国庆周甲为词述怀

己丑江东苑霏杉[林冲]书

祖国颂

那不是一张微不足道的红纸。我的母亲，一位哲学家缪篆的女儿缪镜心，嫁到南通诗人世家的名诗人范罕之子范子愚。纸很轻，而寄托却是沉甸甸的。这张纸后面跟来了一群人的命运，包括我。母亲平凡的一生中可能最引以为荣的是她当上南通市政府委员，而证书却有周恩来的签名。解放之初，总理的事必躬亲达于全国市级的政府。忙，建国之初大家都忙，但忙得快乐，忙得心甘。六十年过去，母亲昔日的欢愉已经沉埋，但我知道，这同样是六十年前祖国对一个淳朴的知识家庭的光照。

难忘，我十七岁背着简单的行囊，离乡背井，开始我人生艰难的征途。困窘的家境，使我只能坐在通沪江轮的五等舱中，不见天日，唯闻滔滔的江流在舱外回旋扑朔。外边的世界竟如何？不知道。"丛菊两开他日泪，孤舟一系故园心。"我只觉得故园渐行渐远，而故国的概念在江潮声中浸入心脾。人生会经历一些不可预期的蜕变，我正是此刻忽然悟到我应该爱得更加广大。爬上船栏，我看到了浩瀚的长江和远处横无际涯的东海。我这一瞬间，知道自己已是一个成人。——从此，我不再流泪，也许我是对的。我曾在一次大学的演讲中说："一个成年的男子，一生只允许再哭两次，母亲将殁，可痛哭于床帏之前；国之将亡，可痛哭于九庙之外。"祖国的担子，需要男子的铁肩，不稀罕你的眼泪。

难忘，我六十年的奔走栖止，值得我感激的事情太多太多。我的慈爱的母亲和仁厚的父亲在三十八年前和二十五年前先后去世。一生执教鞭、吃尽粉笔灰。清贫的生活不碍高华的精神，淡泊寡营的人生往往接近高贵的目标。一个垂危的诗文世家，在父亲、大兄范恒、二兄范临和我三兄弟的诗文传承中坚挺地支撑下来。我感谢中国新闻出版总署拨出七十万元人民币专款来印刷发行《南通范氏诗文世家》巨帙二十一卷、五百万字。使四百五十年十三代诗人瓜瓞绵延的人类文化奇迹得以流布。当代诗学之祭尊、清诗研究第一人钱仲联先生为此书作序，有云："清代惜抱大桐城古文之派，以迄今日，厥传未绝，以言诗歌则南通范氏其世执吟坛牛耳者哉"；"南通范氏既高踞诗界昆仑之巅，其一家之世业撰则，又不止于诗也"。真可谓一言定鼎，足为天下师。这部巨著今已遍列全球汉学之重镇，当密特朗图书馆馆长让-诺埃尔·让讷内

(Jean-Noël Jeanneney) 先生在接到这部书时说："我们这里是不缺少语言的地方，但我无法用语言表达此时此刻看到人类如此优秀的文化遗产时的感动。"

难忘啊！我在祖国的文化、艺术领域走向康庄之途中，所有给予我帮助和援手，使我从颠蹶困顿中崛起的卓越的领袖、驰名的学校、渊博睿智的学者和艺术家们，我不能一一列举他们的名字，"既见君子，乐且有仪"，我和所有的君子，有着一种真水无香的友情。

六十年弹指一挥，然而我的祖国真正以一个伟岸、强大、健康而微笑的精神巨人站立在东方。中国，那是一个中和之国。"喜怒哀乐之未发，谓之中。发而皆中节，谓之和。"（《中庸》）中国既以中和为立国安邦之本，那么，辅之以"以直报怨"的刚毅，说明中国不是轻易忘记过去的。中国，一片天授的圣址，自古以来便是众芳之所在。它不仅以悠久的历史彪炳于世，而且以它无山不美、无水不秀的旖旎风光引人入胜。一百七十年前，英帝国主义开始了对它厚颜无耻的鸦片战争，拉开了匪盗般的劫掠和宰割的序幕；一百五十年前，英法联军一把火将当时世界独一无二的万园之园——圆明园焚为灰烬，因此拿破仑三世和英国女王遭到伟大的雨果的劈头盖脸的痛骂；一百零九年前八国联军的寇掠和此后《辛丑条约》对中国人民敲骨吸髓的勒索，故国所受羞辱莫大于此。我题片名的电影《南京！南京！》，是对日本帝国主义侵华战争血的控诉。这一切刻骨铭心的耻垢，造就出一个勇敢的民族——"耻辱者勇之决也。"（司马迁语），"知耻近乎勇"（《中庸》），当整个民族躬自流涕、沫血饮泣的时节来临时，那不在沉默中爆发、便在沉默中死亡的日子便逼近了。近六十年正是结束耻辱、光复故物、使我们这个民族恢复了昔日光荣和尊严的、空前伟大的六十年。

六十年，我个人已由孩提而垂老。然而，当风何止披胸臆，我挺直的腰板，使我犹能接受生命史上的又一次殊荣——我在得到祖国和人民的推重之中，被聘为联合国教科文组织的多元文化特别顾问，享受大使的待遇和豁免权，持有走向全世界的红色护照。我知道，这一切来自祖国,我分享着祖国的光荣和尊严。

祖国,你经历一千次的苦难,你的儿子,包括我,必有一千零一次对你冒白刃、争死敌的维护。因为我曾说过:"祖国,是我的宗教;祖国,是我心灵最崇高的寄托;祖国,是我生命的唯一理由。"

七十老叟矣,我当然不是废物!我自小至今刻苦奋斗,发愤忘食;我呕心沥血,献身艺术;我无怨无悔、无恚无怼。我被揪过、被斗过、被打过、被无耻地诬陷和迫害过。但我可以骄傲地告诉任何人,我没有哭过一次,因为我是男人。但这一切的灾难、一切的魔焰魅火和我对祖国这一神圣的信念无关,我只把那辉煌的、纯粹的、圣洁的归于祖国——这永远不灭的地火使我们一切的困惑迎刃而解,祖国原来是最简捷的、最伟大的、民族永恒的徽号。

2009年4月29日晨于巴黎

祖国·艺术·人生
——在南开大学的讲话

同学们：

在阔别整整三十年后，我又回到了南开大学，三十年的人生搏击，三十年风雨兼程。在人生的道路上，比起诸位，我可说是历尽坎坷。我曾有一首咏电影《人到中年》的词云："岁月堪惊夏复秋，寒霜暗染少年头，韶光忍使付东流。"我觉得，在我们这批"人到中年"的朋友中，多少都吃过一些人生的苦果。你们是幸福的，党的十一届三中全会之后的路线决定了你们不会重蹈故辙。我有一个好朋友华国璋，1957年后他备尝人生的苦难，但他的意志力使他在艰难颠蹶之中决不倒下，他对祖国、对党、对人民一往情深。今天他已是誉满中外的摄影家，然而，在那些凄苦岁月中，他被人们忘却，背着他的破相机，在黄山的悬崖陡壁中挣扎、拍摄，"上下而求索"。我有一首词送给他，调寄《碧玉箫》："莫嗟叹人间世，愁予眇眇，命途总危峭，廿载迢迢。霜凝万木梢，向峰巅偏将烟霞照。卧明月，伴松涛，登险绝，心血儿把长林浇，曾几番意共云飘，写多少，庄严貌。"这真是严峻的、崇高的人生，我深深为华国璋今天的幸福庆幸。我想，我们在回顾往事时，有些年月像清澈的流泉，闪动着生命、光明和希望，而有些年月，则像"剪不断，理还乱"的一堆乱麻。同样，在生活的途程中，有些地方使我迷恋，有些地方，我则不再愿意故地重游。为什么陈省身先生要回南开？因为这儿储存着他青年时代的壮怀；为什么我要回南开？因为这儿埋藏着我少年时代的梦境。

讲到"梦境"，你们现在正经历着一个多梦的时节，能有"梦境"，敢于去追逐"梦境"，用无畏的奋斗去实现"梦境"，这对于一个生机勃勃的灵魂，是无限的幸福。然而，我不希望诸位有莫名的哀愁，不希望你们无病呻吟。你们现在还不知道真正的忧愁是什么，"少年不识愁滋味，爱上层楼，爱上层楼，为赋新词强说愁。"我们只有把一己的欢乐、忧伤和祖国的前途融合在一起的时候，我们的精神才会真正博大起来。我希望在青年中鼓起浩荡的雄风。有"囊括四海之意，并吞八荒之心"的秦孝公，是政治野心家。而想征服人类心灵的艺术家，则被人们所景仰。说真的，在南开大学时，我就梦想着用自己的艺术去征服世界。范曾，不是一个孤立的存在，我是中华民族的儿子，是炎黄后裔，我愿意让世界各国的人民看一看作为一个堂堂正正的、顶天立地的、腰板硬硬的中国人是什么样的；而在我的作品中，我所描绘的中国人又是什么样的。我的作品便是力图告诉人们，中华民族是一个自爱、自重、自信、自尊的伟大的民族！

最近陈省身先生回美国去，临行，我送他一首七律："芙蕖碧透马蹄深，小屋夜阑自啸吟。海外常悬家国业，南开一系故园心。君通翰墨情当醉，我愧钩玄意更钦。相约名山寻胜迹，鸥盟直欲认知音。"

陈省身先生是为中华民族扬眉吐气的，在他的学生中就有得诺贝尔奖金的杨振宁。陈先生对南开大学的故园之情，正是他叶落归根的对祖国的怀恋。我可以想象，如果中国没有南开这块地方，那么，陈先生的故园之情就会少了十分深切的内容。

我曾讲过，作为一个成熟了的男子汉，平生只能哭两次，倘使你们爱临风垂泪，那说明你们还不成熟。作为一个胸怀博大的男子汉，国之将亡，可以痛哭于九庙之外，母亲将死，可以失声于床帏之前，除此而外，男儿眼泪切切莫轻弹。

人类历史上曾经有形形色色的爱国主义，有尼古拉一世的爱国主义，有希特勒的爱国主义，也有今天美国里根的爱国主义。在君主就是国家的封建社会，忠君和爱国也几乎是同义词。范仲淹的"居庙堂之高,则忧其民;处江湖之远,则忧其君"。屈原说:"指九天以为正兮,夫为灵修之故也。"即使楚怀王、顷襄王如何昏聩,屈原仍死忠死节地希望他们能治理好国家,最后不惜以一死殉国。我们今天肯定苏武的爱国,屈原、文天祥、辛稼轩、范仲淹、陆放翁、郑成功、林则徐、秋瑾的爱国,都有当时历史的特定内容。

爱国主义具有特定的历史内容,对于中国这样一个多民族的国家来讲,历史上往往把民族英雄和爱国主义联结在一起。各民族在历史上都有自己的英雄,也有彼时自己国家的爱国者,这些人物的历史作用有的破坏了当时的生产力,不利于中华民族的形成,有的促进了生产力的发展。我们很难以成败得失论当时的英雄,而应该以他们对历史的发展起推进或者阻碍作用,来对他们作客观的评价。在中华民族形成之后,凡是破坏这个民族大团结的就是叛徒和逆贼。在中国历史上,凡是出卖本民族的利益的,都不会为双方所承认。明代的山海关总兵吴三桂引清兵入关,清初封为平西王,为四藩之一,然而"狡兔死、走狗烹",最后还是被清人弄掉,汉人骂他,清人看不起他,谁也不会认为他促进了汉满民族的团结,即使今天汉满一家了,他的人品依旧为人们所不齿。另一个明代的蓟辽总督洪承畴,兵败松山杏山之后,传说他最初绝食明志,后来经不住清太祖十四子多尔衮亲王妃的色情诱惑而降清,成为清人平定江南的主将,在南京,被当时的少年英维夏完淳痛骂为衣冠禽兽。叛徒春风得意的日子不会长久的,待到康熙南巡时,再也没人吹捧他了。

爱国主义,是一个深刻的、深沉的、庄严的词。爱国,不是一种热闹,也不是一种时髦;爱国,需要你付出毕生的奋斗以至生命。美国的民族英雄内森·海尔在就义之前,英国殖民者问他:"以你如此年轻的生命就这样结束,你不感到遗憾吗?"内森·海尔回答说:"我唯一遗憾的是,我只能为我们国家献出一次生命。"这真是能与日月争辉、与天地比寿的不朽的誓词。是的,诚如别林斯基所讲的:"谁不属于自己的祖国,那么他就不属于人类。"凡是属于自己祖国的人,那他也就必然是属于全人类;被全世界所尊崇。尽管鲁迅先生留学日本时便反对日本帝国主义对中国的侵略,周恩来总理更是抗日战争的领导人之一,然而,在日本人

我与故国六十年

玄奘

民心目中，他们仍是真正的英雄。日本岚山，有周恩来总理的诗碑，日本仙台，有鲁迅先生的纪念碑，和伊达政宗的铜像并列，他们也属于日本人民。在日本决不会有汪精卫或者郑孝胥的丰碑，虽然他们为了取媚于日本军国主义而出卖了民族的利益和尊严。

到了现代，爱国主义有了更新的内容，总是和先进的政党、先进的阶级和对祖国的理想主义、对人民的无限爱恋联系着的，离开了这一切，我们很难谈抽象的爱国主义。爱国主义不是一时一际的冲动，更不是"一闪念"就能造就不朽的爱国者。在奥林匹克运动会上，能使我们感动的是各国运动员看到祖国的旗帜升起，无论日本的、美国的、法国的、中国的，他们登上领奖台，眼中夺眶而出的泪水，使我们感动的不是那些五花八门的啦啦队，声嘶力竭的呼喊，我们对美国洛杉矶群众的起哄有些不满，那么，今后倘发生在我国，我以为也应克制才对。

中国、中华民族曾经是一个令全世界瞩目、艳羡、尊重的国家和民族。它深刻的哲学，直到今天，都为发达国家的科学界所不断证实；它伟大的兵书，是全世界所有统帅必读的经典；它不朽的诗篇，使很多国家的诗人黯然失色。中华民族是一个大智大慧的民族，当然也是一个多灾多难的民族。鲁迅先生在黑暗的旧中国，呐喊着要唤起中国的民魂，他说："要论中国人，必须不被擦在表面的自欺欺人的脂粉所诓骗，却看看他的筋骨和脊梁。""我们从古以来，就有埋头苦干的人，有拼命硬干的人，有为民请命的人，有舍身求法的人，这就是中国的脊梁。"

中国自古以来就推崇"重大义、轻生死"的品节，《孟子》上有"鱼，我所欲也，熊掌，亦我所欲也，二者不可得兼，舍鱼而取熊掌者也。生，我所欲也，义，亦我所欲也，二者不可得兼，舍生而取义者也。"历代志士仁人都以"富贵不能淫，威武不能屈，贫贱不能移"的"大丈夫"精神，为自己生活的准则。

让我们看看什么是民族的脊梁，什么是堂堂的大丈夫。

玄奘（公元600—664）西天取经，往返十七年，行程五万里，历经百余国，辩论佛学的奥义，摧辩众口，而且力主辩败者免杀，印度北方十八国国王骑着大象拥戴着玄奘过市，万人空巷。伊斯兰教的创始人穆罕默德（公元570—632）曾讲："知识虽远在中国，但我们必须追寻。"中国的文明曾由舍身求法的鉴真和尚传到日本，他六渡扶桑，最后一次东渡，双目失明，但坚毅的意志力使他成功了，今天日本人民把他看作传播文明的光辉使者。商代的伯夷和叔齐，在亡国之后，耻食周粟，在首阳山采薇为食，死后，在首阳山，人们建立了夷齐庙，庙前有一副对联："几根傲骨头，支撑天地；两个饿肚皮，包容古今。"抗日战争时，朱自清先生"耻食周粟"，拒绝敌伪供粮，成为中国知识分子高风亮节之典范。这些历史故事，我们年轻的一代都应温故而知新。

但是，灾难深重的历史，尤其是鸦片战争之后一百多年半殖民地半封建的社会历史，使可爱的中国，如方志敏烈士讲的，从天生玉质的美人，变成了衣衫褴褛的乞丐；闻一多先生讲的："这是一潭绝望的死水，清风吹不起半点漪沦，倒不如多扔些破铜烂铁，爽性泼你的剩菜残羹。"龚自珍讲："万马齐喑究可哀"。在我们民族身上沾染了不少劣根性，这也是鲁迅先生所深恶痛绝的。鲁迅先生有感于国民的麻木，写出了《药》、《示众》；有感于中华民族优秀品德的泯灭，写出了《阿Q正传》、《孔乙己》，他对阿Q和孔乙己这些芸芸众生，这些挣扎于生活底层的生灵，寄托了很大的同情，"哀其不幸"，然而对他们品德、性格的恶劣"怒其不争"。鲁迅先生写这样的文章，是为了"慰藉那在寂寞里奔驰的猛士，使他不惮于前驱"，我曾在我的一本《鲁迅小说插图集》的后记中写道："先生文笔的沉雄敏锐，如燃犀烛怪，揭破旧社会的疮痍，展示被压迫生灵的悲剧，其使读者魂魄之惊悸，如闻天边闷雷的轰鸣，如见地底熔岩的奔突，虽不作怒目金刚式的詈骂，却足以唤醒读者，'正视淋漓的鲜血，直面惨淡的人生'，从而增加斗争的勇气。"

是的，我国面临着全面改革的伟大历史时期，它的意义将远远超过封建史、资本主义发展史上的一切伟大的改革，如范仲淹、王安石的变法，日本的明治维新。我们只要坚持不懈地前进，不要一会儿向左，一会儿向右，那么，十一届三中全会和十二届三中全会的精神，必将变为巨大的物质力量，在不到半个世纪的时间里，我们有指望成为一个真正的强国。

最后谈谈治学的问题。我没有什么天授的禀赋，社会上有人说我是"才子"，我则常以郑板桥讲的"天下第一等无用的人，就是所谓锦绣才子，更况未必锦绣者乎"来解嘲。我希望大家不要相信历代文人之自述及传记作家夸张的描述。人类知识的阶梯都是有其层积性的。牛顿之所以伟大，是因为如他自己所说，是站在历史巨人的肩上。达尔文说："我既没有突出的理解力，也没有过人的机智，只是在觉察那些稍纵即逝的事物，并对其进行精细观察的能力上，我可能在普通人之上。"爱因斯坦、巴尔扎克少年时代都曾被人视为低能儿，清代的大学者章学诚（1738—1801）是一个天资甚低的人，尤其他的记忆力极差，但他几十年孜孜不倦的劳动，使他在中国学术史上不朽了。

过去在描述我的文章中，有失实之处，如讲我十七岁考美院不取，是由于不熟悉契斯恰可夫素描法，其实很大的原因是由于画得不太好，但这并不妨碍我三十年后成为一个名画家。我最自信的是，劳动，使我由一个中常资质的人，成为一个画家，至于天才的画家，是永远不敢当的。我经常看到过去的作品，自惭形秽，也常常付之一炬，"但留清气满乾坤"吧，不要让自己的劣迹留传后代，尘秽视听。

最后，我想将我题在四川白帝城的一副对联，作为讲话的结束：

"溯水入夔门，有千层浪遏，繁星闪烁萧森地；乘霞辞白帝，欣万壑风随，赤日流辉壮阔天。"

让我们乘风破浪，投入壮阔的人生！

我与故国六十年

8

把艺术献给亲爱的祖国

——在全国青联第五届委员会第二次会议上的发言

作为一个画家，我以自己的一枝画笔投入人生的战斗，用自己的艺术去影响社会。我相信，一个严肃的艺术家，除去对自己的专业刻苦自励以外，重要的是对人生抱着深刻的、执著的信念和永恒的热情，把一己的欢乐、哀伤和悲愤与整个国家和民族的兴衰联系起来。那时，他才能从猥琐的烦恼和平庸的欢愉中解放，他的感情才能升腾到一个光明的境界。

在艺术上我决不是一位天才，更不是一位怪杰。我从无数的困惑中寻求解答，从数十年的辛劳中积累才智。为了探求精深的艺术技巧，我曾在苦海中沉浮，渐渐从混沌中看到光明。我不太相信天才和神童。人们曾在我孩提时称我"神童"，在我年轻时称我"天才"，但我心里有数。彼苍者天没有给我什么独得之厚，我的每一步前进，都付出了通宵达旦的艰苦劳动和霜晨夜雨的冥思苦想。人们说我才思敏捷，那是由于我写过无数失败的诗词和文章；人们说我作画神差鬼使，那是由于我画过无数平庸的作品。我想每个人的头脑，最初大体是一块顽石，其中可能包着一块"和氏璧"。如果不把璞衣敲掉，顽石永远是顽石，"和氏璧"就永远在石头里韬光养晦。为了艺术，我度过了很少娱乐的青少年时代，因为我知道，古往今来一切在艺术上有成就的人，都经历过一段抽筋折骨的磨砺，然后他才能离迷得悟，在艺术上得到成功。这次在日本举办的我的个人画展，献给祖国73幅作品，其中一幅价值219万日元，全部作品被日本收藏家抢购一空，总共5000万日元，合人民币140多万元。但是，诸位可知道我十多年前，曾经很受金钱的欺侮。我连去北京图书馆都步行，因为没有车费。星期天，我买五个馒头，在火炉上烤着，这便是我的一日三餐。我的全部家具是一只砂锅，以作煮水之用。每到月底则从衣缝里寻找硬币，以应急需。有一次我读欧·亨利的小说，小说中写道："当一个穷光蛋在衣缝里发现一枚硬币时，所感到的人生快乐，不是一个百万富翁可见其项背的。"因为我的处境庶几近之，我不禁大笑，以为是作家传神之笔。当时我屋里环堵萧然，我挂了一张写着罗曼·罗兰的一句话的挂幅："清贫，不但是思想的导师，也是风格的导师，他使精神和肉体都知道什么叫澹泊。"这基本上是物质决定精神的观点。我当时20岁，生命力正十分旺盛，常有饥肠辘辘之感，但我精神上十分充实，对前途充满信心。我想，释迦牟尼都说"心可以为地狱，亦可以为天堂"，我作为一个革命者，就更应有精神上高旷博大的境界。

对于艺术，我倾注了自己的全部心血和生命。1977年秋，我由于生结肠息肉，恶性贫血，血色素5.6克，不及常人的一半，住在北京医院，前景未可预料。在这几乎是垂危的时刻，我想到：党培养我这么多年，倘若现在离开人间，而不留下任何东西，不免可惜。于是我决定在医院里完成自己多年的宿愿——为鲁迅先生的小说画插图。进行手术的前夜，我还在伏案作画。手术后几天，我捂着刀口继续画。就是这样，我坚持将鲁迅先生的《呐喊》、《彷徨》、《故事新编》的全部插图完成。今天这本书早已出版，我的病也已痊愈。我向编辑说："本来我准备以这本书向人类告别的，但现在她却成为我艺术生涯的新起点。"

艺术之感人，不仅仅靠技巧的纯熟，与画面透露出的思想很有关系。有人提倡一种玄虚莫测的理论，以为其和愈寡，其曲愈高，这很容易走入形式主义的牛角尖。在我看来，艺术通向人民心灵的桥梁越宽阔，越能起到鼓舞民族精神的作用。当前，艺术家的重要使命，便是为提高民族自信心作不懈的努力。有人说，我们这个民族因循、惰怠、落后、愚昧，我不能与这种偏见苟同。我想到自古以来那种杀身取义的英雄，想到赴国难、轻生死的志士，想到中国的国士之魂，是"富贵不能淫，威武不能屈,贫贱不能移"的,是"穷且益坚,不坠青云之志"的,更想到以清贫自恃、以廉洁无瑕的生活自勉的共产党员方志敏,想到以野草充饥的东北抗日联军将领,中国从来就是靠着这些饿肚皮包容古今,靠着这些硬骨头支撑天地的,这个民族才历万劫而不灭,才能在黑暗中看到光明,在失败中燃起希望!中国共产党60年的光荣战斗历史,不正是中国人民从黑暗走向光明的最伟大的历史见证吗?我们的民族平时看来温和,但是在压迫最深重的时候总会燃烧起熊熊烈火;也许你以为她一盘散沙,但是在最危急的时刻,便结成了铁的长城。想到这一切,我经常慷慨悲歌,气干霄汉。我会想起辛稼轩:"落日楼头,断鸿声里,江南游子,把吴钩看了,栏杆拍遍,无人会、登临意……"我的心中会腾起一腔爱国的豪情,我相信请缨有路,报国有门,于是我振起笔底的雄风,画忧国忧民的屈原,炼石补天的女娲,酾酒临江的曹操,临危慷慨的嵇康,驱鬼拿妖的钟馗,画出他们的智慧和力量,歌颂我们中华民族自古以来推重的品节和风容,譬如为人的尊严、自信、高洁、旷达、疏放和自然淳朴之美。我以为我的作品之所以得到海外侨胞感情上的共鸣,就是由于我的画包含着民族的自信心和自豪感。我画的四位古代科学家的邮票,得到最佳邮票的选票最多,恐怕也是由于它们唤起了从事四化建设的人们民族崛起的信念。

1980年4月,我与张仃先生的联合画展在香港举行。一个半小时之内,我们的作品被世界各国收藏家抢购一空,传为艺坛佳话。当时有40篇左右的报道和评介文章,在各报刊发表,认为这次画展为祖国的艺术争得了荣誉,是中国美术界的光荣。1980年10月,我作为中华人民共和国第一位讲学的画家到加拿大,在著名的哥伦比亚大学和曾授予法学博士头衔给宋庆龄主席的维多利亚大学,讲授中国古典绘画的精神、诗词和书法,获得很高的评价。他们认为听众的数目和热烈的程度远远超过了过去这方面的日本、韩国、中国台湾地区和印度的学者所举行的讲学。上月我在日本所受的欢迎更是令人感动。日本最著名的画家平山郁夫在日本NHK广播电视中心向全日本观众高度评价我的作品,称我是"中国人物画的杰出代表"。从北海道到冲绳,几乎所有县的报纸上都

・我与故国六十年・

老子出关

发表了日本共同通讯社的文章，高度赞扬了画展的成功。新华社驻东京分社在《中国青年报》等报刊上撰文进行了宣传。中国驻日大使符浩同志和日本驻华大使吉田健三先生，都题词祝贺。我深深受到中国、日本两国人民之间热烈友情的感染。每次我到日本奈良招提寺，八十一世长老森本孝顺都要挂起我送的泼墨鉴真和尚像，说这是招提寺的镇山之宝，将子子孙孙传下去。有一位身患癌症的日本友人，还能在人间弥留三月，他说看了我的画，增强了生命的力量，再三要求我割爱，将自己珍藏的、决不出售的代表作《老子出关》给他。当他以200万元日币购得此画时，感激不已。

我想，我的一切成就都来源于党的培养，来源于祖国和人民的哺育，来源于祖国不朽的灿烂文明，来源于历代艺术家竭诚尽智的共同努力。我在祖国文化浩瀚的历史长河中只是一滴水，这一滴水一旦离开了江河就会干枯，我的艺术立刻会变作无源之水，无本之木。艺术家一旦离开了哺育他的大地，任凭他有多大的才能，也只会过着寄人篱下的生活。没有祖国就没有我的一切。

四十多年前，方志敏同志在狱中所著《可爱的中国》中，对他生死以之的苦难深重的中国，作了无限美好的憧憬。他说，一个富裕代替了贫穷、友爱代替了仇杀、生之欢乐代替了死之悲哀的新中国一定会来临。我们的革命事业60年来在党的领导下经历了千回百转，千难万险，终于走上了一条拨乱反正、继往开来的真正的康庄大道。中国的知识分子绝大多数是爱国主义者。我的祖父和叔祖都曾留学日本，他们有很多日本的朋友。第二次世界大战时，他们耻食周粟，拒绝任何日本的利诱和津贴，在沦陷区保持自己的清风亮节。中国的优秀的知识分子一般没有过分的物质苛求，富于才智，克己为人，与祖国的命运休戚相关。朱自清先生不为五斗米折腰，民盟的早期会员闻一多、李公朴为着一个进步的、光明的新中国的来临，倒在国民党特务的枪弹之下。今天更有无数的革命知识分子与党同心同德，为实现祖国的四个现代化贡献他们的聪明才智。我们坚信，只要团结在党中央的周围，一个现代化的、高度民主的、高度文明的社会主义中国一定会在东方出现。

我们伟大的祖国，是我们艺术家创作灵感的来源，我们民族的历史、革命的进程、人民的生活是取之不尽、用之不竭的创作源泉。我每次出国都有一种最深切的体会，无论外面是什么花花世界、锦绣乾坤，任他五色迷目、五音乱耳，都不能动摇我对祖国的热诚，相反，更增加了我对祖国河山的爱恋和怀念。中华大地，无山不美，无水不秀，我有无限的激情为她歌唱。对着加拿大的瀑布和冰川，我衷心赞美，但是，我从外国的山河里演化不出生动的形象，诱发不出深刻的意境，无法寄托我的情思。回到城市，我更觉"锦城虽云乐，不如早还家"。我相信，倘使我在国外生活几年，我一定会得思乡症，而且我知道那时我的绘画将失去感人的魅力，失去灵魂，空剩躯壳。

外国的朋友对我讲："倘若您在我们这儿，一定是一位百万富翁。"我付之一笑。是的，我可能成为富翁，同时我也会发现自己艺术上的贫困。锦衣玉食，也许会造就一名酒囊饭袋，百万家产却造就不了真正的艺术家。在加拿大海边，电视台记者询问我："你的画在国外那么贵，为什么收入不属于你自己？"日本NHK电视台记者询问我卖画的收入归谁所有，香港各种报刊用不同的观点谈论我的收入。我告诉这些朋友，我的艺术成就来源于祖国和人民的培育。我为四化聊尽绵薄，深感光荣。我别无所求，但望祖国早日繁荣富强，但愿我的艺术能弘扬祖国的优秀文化。在东京，我宴请留日学习美术的中国学生。我对他们讲，以我一介书生，三尺微命，享有今天这样的荣誉，原非我刻苦学艺时所奢望。我重视东方的艺术，重视祖国的命运，远胜于一己的荣华。我希望他们刻苦自励，不为外物所动，为中国人争气。在哥伦比亚大学，正逢成立亚洲研究中心。他们请我写一巨幅的书法作品，以作进门屏风的装饰。我放笔题杜甫《望岳》一诗："岱宗夫如何？齐鲁青未了。造化钟神秀，阴阳割昏晓。荡胸生层云，决眦入归鸟。会当凌绝顶，一览众山小。"这就是中国人民的气派，中国人民的决心。哥伦比亚大学校长、文学院院长、亚洲系系主任都参加了接受这幅书法作品的仪式。我以自己是一位拥有960万平方公里土地、10余亿人民的中国文化使者而骄傲、自豪。

同志们，我们的祖国从遥远的古代就成为东方文明的发祥地。在唐代，日本派出大批的遣唐使来中国吸取文明，中国的鉴真和尚一直被日本人民供奉为神明，他们讲没有鉴真和尚就没有今天日本的文化。在明代，郑和下西洋，同样传播了中国的科学与文化。只是到了近代，我们的民族落伍了，才出现了西学东渐和游学东洋的现象，但我自信，这样的历史不会延续太久了，度过20世纪这最后的19年，也就是到我62岁的时候，祖国一定会成为世界最强大的国家之一。我们既然有伟大的过去，同样会有伟大的今天和未来，中国人民受屈辱的年代已经一去不复返了。中国共产党十一届三中全会，为我们展现了一幅光辉的图景。为了祖国的明天，我愿勤奋地画10年、20年、30年、40年，我愿在教育战线上培养一批批的杰出人才。"丹青不知老将至，富贵于我如浮云。"为了这宏伟的全民族的进军目标，我"虽九死其犹未悔"，愿献出十倍的生命。我们都应做九天的鸿鹄，而不愿做蓬间的燕雀。同志们，天正高，风正急，让我们起飞吧！

倚馬揮毫

乙丑年 范曾

扬起生命的风帆

亲爱的同学们：

今天我的讲话，主要的对象是十五岁至二十来岁的青年学生，你们的年龄，可说是身逢盛世，二十年前，当祖国的大地上遭受空前厄运，"黑云压城城欲摧"的时候，你们还在另一个世界，你们的父兄却在十年浩劫的历史旋涡中升沉起伏、搏击挣扎，那些不堪回首的往事，你们根本没有切肤之痛，你们是真正幸福的，当你们睁开天真无邪的眼睛的时候，所看到的已是拨乱反正的新时代的洪流，阳光代替了阴霾，笼罩着我们民族的阴影被十一届三中全会的光焰驱散了。你们由浑浑噩噩的幼年，到今天开始严肃地思考人生，你们的心灵渐渐被一些深远的、庄严的主题所占据，我相信，绝大多数的青少年，在伟大的改革的时代，会选择一条壮阔的、豪迈的和光辉的道路，你们会扬起生命的风帆，乘长风，破万里浪，不负祖国和时代的厚望和重托。

同学们，对于祖国，我们都深深地爱恋着她，因为，从国家的概念在人类历史上出现之后，全世界的人，都要用自己一生的实践，去表明对自己祖国的态度，人类的历史经过几千年的治乱兴亡，只有那些效忠于自己的祖国，而又促进了人类历史走向进步和光明的人，才为人们景仰和歌颂。而一切将祖国拉入泥淖，使历史倒退和黑暗的统治者、帮凶、政客和叭儿狗们，都是历史的罪人，最终会为全人类所唾弃，无论他们打的旗号何等的辉煌，"爱国主义"的口号喊得多么响亮。

历史上的一切真正的不朽的爱国主义者，尽管时代、民族和国家不同，但是他们给我们同样留下了永恒的精神财富，在对待"祖国"这一神圣的词汇上，他们投注了全部的才智、热情和生命，"祖国"这两个字，原来是全世界进步人类、不同种族、信仰、阶级、年龄、性别的人们共同铸造的金灿灿的大字，只有等到在遥远的未来，民族和国家的概念在人类历史上消失的时候，"祖国"这两个字，才会换成"大同世界"。但是在今天，"祖国"就是我的、你们的、大家的生命，就是我们无限爱恋的母亲。

如果说我的祖国还贫穷，那是由于母亲负荷着历史沉重的遗留，还落后，那是由于几千年封建的束缚和一百多年帝国主义的宰割和凌辱，我们的母亲由一个天生丽质的美人，变得憔悴和衰老，然而，作为她的伟大的儿子，中国共产党人经过65年空前艰苦卓绝的斗争，使她已恢复了生机和活力，这场斗争道路上布满了荆棘，经历了无数的曲折和迂回，能有今天这样的形势，真是来之不易。

同学们，我们都读过方志敏烈士所写的《可爱的中国》，他说："一个青年学生的爱国，真有如一个青年姑娘初恋时那样的真纯入迷。"他回顾自己少年时代爱国的梦想，"读西洋史，一心想做拿破仑；读中国史，一心又想做岳武穆，这些混杂不清的思想，现在讲出来，是会惹人笑痛肚皮！但在当时，我却认为这些思想是了不起的真理，愈想愈觉得津津有味，有时竟想到几夜失眠。"

当他目击黑暗的旧中国洋人的横行跋扈和民族的悲剧，当他由一个朦胧的爱国主义者变成为全民族的解放事业而献身的共产主义战士，当他在敌人的屠刀前舍身取义的时候，他对祖国的深沉呼喊和祝祷那是何等的激励人心，何等的令人泪下。他说："不错，目前的中国，固然是江山破碎，国敝民穷，但谁能断言，中国没有一个光明的前途呢？"他憧憬着这光明的一天的来到："到那时，中国的面貌将会被我们改造一新，所有贫穷和灾荒，混乱和仇杀，饥饿和寒冷，疾病和瘟疫，迷信和愚昧，以及那慢性的杀灭中国民族的鸦片毒物，这些等等都是帝国主义带给我们可憎的赠品。将来也要随着帝国主义的赶走而离去中国了。""朋友，我相信，到那时，到处都是活跃跃的创造，到处都是日新月异的进步，欢歌将代替了悲叹，笑脸将代替了哭脸，富裕将代替了贫穷，健康将代替了疾苦，智慧将代替了愚昧，友爱将代替了仇杀，生之快乐将代替了死之悲哀，明媚的花园将代替了凄凉的荒地，这时，我们的民族就可以无愧色地立在人类面前，而生育我们的母亲，也会最美丽地装饰起来，与世界上各位母亲平等的携手了。"烈士的遗言，正在化为光辉的现实，然而这美景的彻底实现，还需要一代代的人付出辛劳和生命。

  从方志敏到张志新，到今天老山前线的英雄战士，他们都体现了中华民族的民魂，鲁迅先生讲过："惟有民魂是值得宝贵的，惟有他发扬起来，中国才有真进步。"在我看来，鲁迅先生所指的"民魂"，便是中国自古以来所尊崇的品节、道德和性格，两千多年前，屈原为了祖国的命运，徘徊于汨罗江畔，吟出了"余固知謇謇之为患兮，忍而不能舍也，指九天以为正兮，夫为灵修之故也"，"亦余心之所善兮，虽九死其犹未悔"。可是，屈原的一片苦心，得不到楚怀王和顷襄王的理解："荃不察余之中情兮，反信谗而齌怒。"两千年后的鲁迅讲"寄意寒星荃不察，我以我血荐轩辕"，无论屈原和鲁迅在诗中所提到的楚王和皇帝，都是国家的象征，为了祖国，屈原九死未悔，鲁迅愿洒一腔热血，司马迁歌颂"常思奋不顾身，而殉国家之急"，林则徐自勉"苟利国家生死以，岂因祸福避趋之"。为了祖国，他们时刻准备以生命毫不犹豫地奉献。

  历代志士仁人的爱国主义崇高情操，中华民族的浩然正气，在今天，在硝烟弥漫的老山前线，正鼓动着千万的热血青年。我含着泪水读完《老山前线书信、日记、诗文选》。这些民族的精华、青年的榜样，为了祖国的尊严、人民的幸福，视死如归，义无反顾，将他们的碧血洒在每一个山头，他们的英魂，将与祖国的山川万古长存。他们从一己的欢乐和忧伤中彻底解放，把自己的生命无私地奉献，而绝无任何个人的追求。他们同样热爱自己的父亲和母亲，然而，他们知道更有千千万万的父母，要用他们的热血和胸膛去保卫。听，他们说："妈妈，我将要去前线，为人民、为祖国去战斗。我多么想在出发之前看一眼千里之外的妈妈，你儿将要去那枪林弹雨的战场上去锻炼。妈妈，让我在千里之外

哀郢

叫一声妈妈吧！妈妈，假如我在战斗中英勇牺牲，请妈妈为我感到高兴吧！妈妈，你一个儿子倒下，还会有千万个儿子孝敬你，会有千万个儿子来保卫你。"烈士茂林在这里表述了对祖国的无限爱恋，对生身母亲的一片孝心。烈士刘树林讲："如果我牺牲了，二位老人不要悲伤，要高兴，我也就安心了，因为你儿是为了党和人民的利益，捍卫祖国尊严而死，是光荣的。另外，父亲要大衣，前几个月我已买好了，装在我的提包里面，部队会把我的一切东西邮去的，请不要来部队找领导的麻烦。另外，我还照了两张照片在这里，请收到保存。"同学们，为了祖国，他们有着赤胆忠心，为了人民，他们视死如归，但他们同样有着对父母的眷眷深情，拳拳孝心。"无情未必真豪杰"。他们没有想到英雄的称号，更不希求勋带奖章，他们不到20岁的生命，到这地球上，来得纯洁，去得磊落。祖国的安危、人民的幸福、父亲的寒暖，系着他们美好的心灵。方志敏烈士曾经讲："清贫，洁白朴素的生活，正是我们革命者能够战胜许多困难的地方！"烈士茂林还讲："为了人民的安宁，不使祖国母亲遭到外来侮辱……如果我牺牲了，你们来部队时，请将我欠本连王子国同志的30元钱还给他。"30元钱是一件小事，然而廉洁无瑕的品格，却是无价之宝，即使自己殉难边疆，"苟非我之所有，虽毫厘而莫取"（苏东坡）。"临财廉，取与义"（司马迁），这难道不是中华民族固有品格的发扬光大吗？难道不正是中华民族自东周列国就推崇的大丈夫精神"富贵不能淫，贫贱不能移，威武不能屈"的发扬光大吗？是大丈夫，是真豪杰，是国之荣光，民之英魂。

  是的，在抗击越南的自卫反击战中，我们失去了一批优秀的青年，但全民族却得到了精神的鼓舞，一座座共产主义品格的高峰巍然屹立。前些日子，老山英雄报告团的团长、一位年轻的师长——和三位一级英雄来我家做客，他们同样有着一颗热爱艺术、热爱生活的丰富的心灵。师长告诉我："在猫儿洞，我的指挥所里，我就是要挂一张山水画，平静、高雅、壮丽的山河，和外面的浴血奋战难道不调和吗？我们的战士，不正是为了这一切来忘我战斗的吗？我就是要听一听贝多芬的《田园交响乐》，难道我们对人类历史上所创造的精神文明，不应当用生命去保卫吗?"诗歌一样的语言,诗人一样的心灵,今天的战士、将领,有着现代的文化素养,他们不但是革命的现实主义者,也是革命的浪漫主义者!

同学们,"祖国"这个神圣的词,牵动过多少优秀人物的心,"祖国"的思恋,是最美好的思恋,最浓烈的思恋!裴多菲在他的名诗《我是匈牙利人》中写道:"纵使世界给我珍宝和荣誉,我也不愿离开我的祖国,因为纵使我的祖国在耻辱之中,我还是喜欢、热爱、祝福我的祖国。"居里夫人讲:"我们波兰人,当国家遭到奴役的时候,是无权离开自己祖国的。"1931年,鲁迅先生在敌人的包围之中,时时有生命的危险,他也曾动了"去此危邦"的念头,但鲁迅先生说:"但因眷恋旧乡,仍不能绝裾径去,野人怀土,小草恋山。"鲁迅把自己比作深山小草,离不开祖国的土壤。波兰伟大的作曲家和钢琴家肖邦,在离开祖国的时候,带走的是一包故国的乡土,死在国外,按照他的遗愿,带回华沙的是他的心脏。我们不朽的元帅彭德怀临终前的遗言是:"我死以后,把我的骨灰送到家乡……把它埋了,上头种一棵苹果,让我最后报答家乡的土地,报答父老乡亲。"

同学们,听到这一切响彻云天的、动人肺腑的语言,你何所思,何所感?当你看到那些一天到晚饱食终日、无所用心的人,看到那些想通过种种门路漂洋过海的人,看到那些一无所长而根本不知留学的目的、但照样排在外国大使馆门前等待签证的人,看到那些自以为看破红尘、堕落颓废的人,看到那些披散着头发、哼着流行小调的人,你们不觉得这些人灵魂的卑微、思想的浅薄、道德的沉沦吗?

同学们,当我们想到那些仅仅比我们大几岁的战士正在前线喋血、忘我牺牲的时候,你们的心头不是升腾起时代的光焰、沸腾起青年的热血和树立起理想的楷模了吗?什么长吁短叹,什么牢骚满腹,什么怨天尤人,什么多愁善感,都是低级趣味,都让它们见鬼去吧!

国家兴亡,匹夫有责。中华贫弱,学子之耻。帝国主义的预言家们,都注视着20世纪的最后15年,认为这是两种制度成败利钝的关键时刻,也正是这15年,中国迈开了民族全面复兴的巨人般的步伐,走向2000年。这其间,你们的年龄是黄金时代,你们将经历少年立志、青年成才、壮年成栋梁的过程。中华民族的真正崛起这副重担，将历史地落在诸位的肩上。整个中华民族的素质的不断改造、提高、完善，也都将看今天一整代的千百万青少年的努力奋斗。

新的时代需要你们成为什么样的人物呢？你们应该具备怎样的道德、品格、气质、学识和能力的人呢？我想，你们应该成为有以天下为己任的历史责任感；有雄视古今的豪迈精神；有博古通今、学兼中西的文化素养；有见贤思齐、扬长避短的自我认识能力；有胸襟博大、意趣恢弘的团结奋进作风；有知难而进、百折不挠的坚韧毅力；有雄辩陈词、直抒胸臆的表达才能；有眼观六路、耳听八方的信息敏感；有善择交游、广结良朋的国内外友好联系。新时代的全面发展的人才，还应该身心健康，开朗乐观，生机勃勃。因为唯有这样的人，才能代表整个的时代，才能呼风唤雨，纵横驰骋。老实说，我不太欣赏年仅弱冠却老气横秋的所谓少年老成，我更不欣赏唯唯诺诺、优柔寡断的谦谦君子。作家们、相声演员们都爱将有为的青年知识分子描写为书呆子，在公共汽车上撞了人，被骂"德性"，而回答为"惯性"，而这样的人，总会有一个美丽的好姑娘去爱他们。其实，倘使一个人在日常的生活中过分地迂拙而麻木，大体上思维也不会十分敏锐的。当然，人类社会无奇不有，例外永远存在，也不排除偶然。中国有陈景润，外国有牛顿，但他们在生活中的机智和幽默感，大概传记作家们是有些忽略的。

既然你们应该成为这样的人，倘使再过30年，整个中华民族都成为了这样的人，那么两三代之后，你就再也看不到鲁迅先生在小说和文章中深恶痛绝的我们民族的劣根性。中国的历史上留下的沉滓、油垢、污泥，应该在现代化的旋风中予以扫荡。鲁迅先生对中华民族、对人民大众有着崇高、伟大的挚爱，唯其对它深深的爱恋，就更敏感于它的痼疾，他用犀利的文笔揭示旧社会的病根，催人留心，设法加以疗治。他一方面看到中国自古以来的不灭的民族之魂，但他又要洗尽"老中国儿女们"灵魂上的污垢，治疗好"不长进的民族病态"。

鲁迅先生的父亲是被庸医延误而死的，因此他想学医，以解除人民的病痛，他到日本仙台医科学校求学，然而在那儿，他看到电影上中国人的麻木，一个替俄国作侦探的中国人被日本人抓住砍头示众，而围着"赏鉴这盛举的人们，正是他体格强壮的同胞"。鲁迅先生弃医从文，源于他对国民精神麻木的切肤之痛。鲁迅先生并没有把他的严厉的谴责指向挣扎于生活底层的弱者；他毫不留情地鞭笞封建制度，尖锐地指出："中国历来是排着吃人的筵宴，有吃的，有被吃的。"鲁迅先生对帝国主义、封建主义以及形形色色的奴才、帮凶、帮闲、掮客、流氓、西崽（如《茶馆》中的小刘麻子之类）、叭儿狗、叛徒，进行彻底的揭发，而对阿Q和孔乙己则"哀其不幸，怒其不争"。鲁迅先生感到辛酸、悲哀、憎恶，同时也用他激动得发抖的笔，对这些可怜的生灵寄托了他博大的同情和恻隐。而对闰土和祥林嫂，鲁迅先生则对他们被封建枷锁压缩变形而扭曲的灵魂，对他们被愚民政策蛊惑愚弄而麻木的性格，表示了深切的关注，这是比阿Q、孔乙己更使人痛心的奴隶。闰土在鲁迅先生搬家时，专拣了"一副香炉和烛台"，因为他可悲叹的生命在宗教的麻醉中会得到解脱。麻木，也是一种解脱。祥林嫂则给土地庙捐一条门槛，让千人跨、万人踩，以赎免她生前嫁了两个男人的罪孽。

对于旧中国这样半殖民地半封建的社会，一方面阿Q式的"精神胜利法"，往往使自己盲目乐观、自我解嘲，"我们先前——比你阔得多啦"。一方面虽处秽境，犹聊以自慰："我总算被儿子打了。"连被杀头之前画押时，还讲："孙子才画得很圆的圆圈呢。"

鲁迅先生对民族性中卑庸的成分也深恶痛绝，其他如因循苟活、保守中庸、颓废堕落等等，也都曾予以披露。鲁迅先生讲："这些现象，实在可以使中国败亡。"

如果我们在青年时代没有对历史的深刻的回顾，我们对历史上曾经存在过、而今天并未绝迹的劣根性不予以注意，那么，我们也可能在某一天被这种东西所侵袭。当我们不自觉地被它们所充塞的时候，我们就会忘记祖国、事业和明天，我们就会成为鼠目寸光的可怜虫。

难道愚昧绝迹了吗？不是有几个中学的女生还建立了"有福同享，有祸同当"的帮会吗？不是有些小学生还准备到少林寺习武求道吗？不是有大学生还在脖子上挂着十字架，有中学生跪在佛像前祈祷吗？有一次，我问一个学生模样的人，我说，你烧香拜佛，知道释迦牟尼生在什么时代，是什么国家的王子，佛教的教义你知道哪些？回答是零分。因为他根本不是什么信仰，而是起哄。倘若他知道佛教的不少"本生故事"是强调自我牺牲的精神，佛教本身反对迷信，而主张觉悟的话，他恐怕就会聪明多了。

建立民族自信心和自重、自爱、自尊的性格，对你们青年人特别重要。在学生时代，我们时时事事都应该想到自己的一言一行是否有损中华民族的声誉和品格。对于一个长期受外国欺侮和凌辱的民族，在崛起的过程中，往往有两种极端的表现，值得我们警惕。其一是崇洋媚外，一切都是外国好，外国的月亮比中国的圆；其二则是其反面，盲目排外，大有义和团精神，我们刀枪不入，天下第一。这两种极端的表现，都不是泱泱大国、巍巍中华的气度。

这里，我可以给你们讲几个我个人的故事。有一次，我从北京去天津南开大学，下火车之后，我坐上了一辆出租汽车，忽然，有一个翻译将司机拉住，讲，叫我下来，由一个外国的商人坐车。我问翻译，这位外国人是教授吗？回答不是。我告诉他，现在坐在车上的，是中国著名的南开大学的教授、著名的画家范曾。大概这时翻译才认出了我。我生气地讲："开车！"对不起，现在不是"华人与狗"不许进公园的时代了，我不是为个人的荣辱，这其中有民族的尊严。

又一次在日本，有一位日本朋友讲："范曾是中国的平山郁夫。"我很和蔼地对他讲："按照你们日本人谦虚的美德，是不是应该讲平山郁夫是日本的范曾。"我当时直觉的反感是，为什么要以一个泱泱大国、有着丰富文化传统的中国画家去比列一个岛国的画家。固然，平山郁夫是优秀的画家，我很尊重，也是朋友，但是涉及民族的尊严，我是决不含糊的。事实上，我们有时妄自菲薄得毫无道理。有一次，平山郁夫先生怀着深深的敬意谈到中国。他说，在天安门广场，看到中国真是一个了不起的伟大国家，在日本根本看不到这样的广场。他从北京顺丝绸之路西行，更感到中国幅员的辽阔，日本的火车是不需卧铺的，因为一天一夜便开进太平洋了；而中国，四天四夜的火车还是不见尽头。中国的名山大川的雄伟瑰丽也是举世无双的,而日本的山水画家,就显得局促多了,他们只有一个不高的富士山,而且还没有山顶。这没有山顶的模特儿,成了永恒的主题,中国的山水画家就得天独厚多了,大自然提供了最佳的范本,取之不尽、用之不竭的生活的源泉。日本的一切,都是中国的缩小,他们的园林、小桥流水、玲珑亭榭,当然不像中国的颐和园,更不如现代已只剩残垣颓壁的圆明园。日本的风景,永远小巧得像中国的盆景。

我在这里无意于贬损今天已是友好邻邦的日本,但是,我却希望告诉大家,民族的自豪的心理时时鼓舞着我,不容许任何人对它的丝毫的损伤。

1982年我从日本回国,主办我展览的单位赠送给我的电影机、放映机、复印机和以我在国外讲学所得购买的世界美术全集,由我转赠给中央工艺美术学院,在中央工艺美术学院接受礼品的仪式上,我很感慨地讲:"今天我的心境十分复杂,我希望在21世纪,日本的画家来中国开画展时,我们祖国能赠送给他更先进的设备,让他送给日本国内学院的同学们。"我的充满了爱国主义激情的讲话,在工艺美术学院的学生之中引起了热烈的反响。

由于我们中国还十分贫穷,中国艺术家在世界上的地位,还远远不能和他们的实际才能相符合。我可以十分伤心地告诉你们,前一个时期,有一幅梵高(法国后期印象派大师)的作品在美国拍卖,最后以5500万美金成交,这相当于建造两个南京金陵饭店的价格;而中国的艺术大师齐白石的一幅作品,有时价格仅有几千美金,然而,这决不是艺术水平上的差距。日本的东山魁夷以每平方寸几百万日元计算,而中国与东山魁夷的才能相仿佛的艺术家价格则是他的百分之一、千分之一。倘若中国的经济以空前的速度赶上了世界先进国家的水平,倘若中国的财力足以用物质的手段对中国画采取严密的民族保护的措施,中国的绘画,尤其是名家的作品,不再成为普通的商品,而能跻身于世界艺术品价格的行列,那么,我们国家那些粗制滥造的廉价货和伪造的赝品,就会销声匿迹。北京就有这样一些人,公然伪造我的作品,拿到世界市场,或者彻底剽窃,在国外进行展览,欺世盗名,被国外的报纸公开揭发,有伤国格、人格,而这些可耻的行为,暗中却受到国内某些画廊和美

范曾美术馆

术界领导人的支持和鼓励。我相信,这些侵犯人权、损伤民族尊严的违法活动,一定会受到法律的惩处。

　　当然,在资本主义世界,任何事物不能逃脱价值规律的制约,艺术品也不例外,但是,艺术品自有它永恒的价值,会超越时间、空间和国界,在人类的精神文明史上,留下不可磨灭的痕迹。在这里,我尽管讲一下自己的事,但是青年同学们一定会理解,我是为了民族的振兴,而无个人的恩怨。1984年,日本冈山市日中友好协会和冈山两备樱园财团联合发起,在日本冈山县建立"范曾美术馆",此事得到我们国家政府、领导和有关部门的支持,终于在1984年4月1日在冈山建成。在日本,给现在还活着的画家建立艺术馆的,大概只有两所,一个是法国的现代派大师毕加索,一个便是中国的我。这件事,在日本的几十万华侨的心目中,以为是无上的光荣,他们奔走相告,寄来贺信、贺电,日本的报纸、电视也作了宣传。我以为"范曾美术馆"的存在,不仅是中日友好和文化交流的象征,它的名誉馆长便是周恩来总理的老朋友、著名的日中友好人士冈崎嘉平太,而且"范曾美术馆"的存在,长了中国人民的志气,我所画的中国历史上出现的杰出人物,不啻是一部几千年治乱兴亡的形象的缩影,歌颂了中华的正气,弘扬了民族的精神。各国人士并不仅仅因为它是范曾的作品,而是通过这个美术馆,看到了中华民族自立于世界民族之林的信心和力量。

　　同学们,前面我提到中国民族性的改造,还有一点,在此重点谈一下,即是妒嫉。妒嫉是思想的恶性肿瘤,心灵上的痈疽,妒嫉心理的膨胀,会产生不可估量的恶劣后果,而妒嫉的内容又是无所不包、无所不在。因此,对于妒嫉这一痼疾,必须如过街老鼠,人人喊打。

　　一个心胸博大的人,总是在心灵上布满阳光的,在那儿充满了对同志的热爱、温情和善良的祝愿,看到同学的成绩优秀,由衷的高兴,在这种真、善、美的感情的光照下,狭隘、偏见和私心都会退避三舍,而一个心灵卑污的人,总是器小量微,那么,他就永远和自己过不去,心灵像黑暗的地狱。

　　同学们,据说现在中小学中有些学生退学而从工、从商、当个体户或者待业的这已引起教育部门的严重关注。而在学的青少年中，也有部分人不能刻苦自励，严格要求，不是流传着这样的俏皮话吗：星期一"夜漫漫"，考试成绩公布"今夜有暴风雪"，星期六"胜利大逃亡"，星期天"快乐的单身汉"。这些说俏皮话的调皮鬼，倘若能把这些机智运用到学业上，一定会是聪敏而优秀的学生。

你们应该特别珍惜现在的年龄，岁月的流逝是绝对无情的，前些年，社会上还称我是青年画家，转瞬之间，我已48岁，再过十几年便60岁了，2000年时，我62岁，而你们正是25岁至35岁之间，正当年。前些天，我躺在床上，忽然想起曹操的《短歌行》："去日苦多"，我一想，岂非"来日苦少"。李太白在《春夜宴桃李园》中讲："夫天地者，万物之逆旅，光阴者，百代之过客。"诗人凭着他浪漫的幻想，却道出了时间在哲学上一度性的概念，古往今来的一切有志之士，都是十分珍惜时间的，写出了《悲惨世界》、《九三年》、《笑面人》的法国伟大作家雨果，谢绝一切宴会和酬答的交际，他把自己的头发剪去一半，又把胡子剪掉，再把剪子扔到窗外，这样，他就不好出去会客，不得不留在家里。齐白石有一方图章："痴思以绳系日。"屈原讲："吾令羲和弭节兮，望崦嵫而勿迫。"他们对生命都有一种紧迫感。人来到地球，就像一个匆匆的过客，在赶路时，过了这村就没有这店，在相当的年龄该干的事不干，那么，以后补课就十分困难了。青少年时代，有着令人羡慕的记忆力，有着灵活的演绎能力，尤其在外语和数学上，切莫错过时机。

你们现在就应该了解自己，发现自己。智力的开发，不是被动的，千里马的发现，也不专待伯乐，在对自我价值的认识日益深刻的今天，更大量的是自我发现和自我推荐，既作伯乐，又作千里马。当秦国围邯郸的时候，赵国的平原君并不知道毛遂的能力，但由于毛遂自荐，他能说服了楚王，达到赵、楚合纵的政治目的，从而挽救了赵的危机。我们在人生的道路上，时时面临着选择，了解自己在哪方面有最大的潜能，实在是教师、家长和学生自己都应注意的问题。当然，兴趣本身便是一个最好的试剂。从少年时起，兴趣的差异性便会表现出来，而且，在相当大的程度上影响着青少年的成长和未来的前途。

前面提到鲁迅先生，我曾在日本仙台现在的医科大学，看到鲁迅先生当年在医科学校时的成绩，全部是丙和丁，可见鲁迅先生倘若学医，大概是治不了疑难病症的，但当他弃医从文时，却成了治疗社会疾病的大师、拯救中华民族的空前的伟大的民族英雄。我从小对数学缺乏兴趣，成绩并不坏，但是不走这一经，注意力就不会集中。高中时，当时班上有几个小画家，顾乐夫的数学比我还差，有一天数学老师忽然问顾乐夫3的4次方等于多少，我想在座的诸位一定立刻回答得出，但顾乐夫一味支吾，算不出来。后来他说等于27，全场哄堂大笑。数学教师又将矛头急转向我，其实我当时正计算着27乘3等于多少呢，我站起来讲，3的4次方等于27乘3，得数还得等一等，于是又是一阵满堂彩。今天我们都成了知名的画家，但数学水平大概比我的好朋友，同样是我们通中的同学，今天当了数学研究所所长的杨乐同志，是天上地下了。前几年，我的女儿有数学的问题还来问问我，现在，大概对父亲这方面的才能缺乏信心，再也不见她来求教我了。

但是，我并不提倡过早地偏废某些学科的学习，对于生活在现代的人，中学的基础知识都应认真地掌握，我们很多知识的缺陷，来源于少年时代的忽略。

谈到天才，我不大相信，当然，个别的例外一定会有，甚至有特异功能的人，我们也没有理由否认其存在。但是，就普遍的规律来看，天才的发现，一定经历过后天的十分艰苦卓绝的奋斗，才能脱颖而出。爱迪生曾讲："天才是百分之一的灵感，加上百分之九十九的血汗。"化学元素表的创造者门捷列夫讲："天才就是这样：终身劳动，便成天才。"有人讲，范曾是当今的才子，但是，我记得清代的郑板桥曾经讲过："天下第一等无用的人就是所谓锦绣才子，更况未必锦绣者乎？"我唯一知道的，便是积年累月的辛劳，使我的脊椎和胸骨变形，我才具备了一些才能，我唯一相信劳动使我的头脑日趋灵活，手也渐渐具备了感人的魅力。我不知读过几万首诗，背过几千首诗，写过几千首诗，才能选出200首诗，出版了今天的《范曾吟草》。我在一首述怀诗中讲："作画平生万万千，抽筋折骨总堪怜。能容毁誉风中过，坐看烟云笔底穿，肺腑从来存雅致，丹心自信透贞坚。老翁问道蒙童子，笑指山林别有天。"我以为这首诗颇能抒发我的怀抱。我十分欣赏托尔斯泰讲过的话："人生不是一种享乐，而是一桩十分沉重的工作。"前些天，体操世界冠军李宁、童非和他们的教练高健，来我的南开大学宿舍玩，我们谈话的一个重要主题便是如何对待严肃的人生。高健同志为了中国的体操事业，曾经九死一生。有一次从杠子上飞出，头先落地，陷入颈椎；童非也是遍体鳞伤。我从17岁时，开始发愤攻读，大学七年，到24岁，各方面有了扎实的基础。大学毕业之后，我又经历了十年的忘我的学习。十年磨剑，十年生聚，到我三十三四岁时，我自觉在艺术的道路上真正发现了自己。此后的十几年，我的名声才磅礴于中国和世界。直到今天，我对任何事情都十分认真，决不像社会流传的，作画挥毫立就，作文倚马可待。譬如今天的讲演，为了写这两万字的发言稿，至少得读几十万字的书，因为我不只对自己负责，也得对广大的听众负责，信口开河，非徒无益而有害。当然，我的工作十分繁重和艰苦，社会对我的要求又层出不穷，然而我对生活无所怨尤，唯一觉得惭愧的是，做的工作太少。我尊敬的诗人艾青在他的诗中这样咏叹人生："即使我们是一支蜡烛，也应该'蜡炬成灰泪始干'；即使我们只是一根火柴，也要在关键时刻有一次闪烁；即使我们死后尸骨都腐烂了，也要变成磷火在荒野中燃烧。"

我们从少小时，对一门学科有了兴趣，但是这仅仅是一种天真幼稚的兴趣，李宁讲，那时仅仅是由于好动，爱翻跟斗。李小平讲，我爱跳跳蹦蹦，舞蹈学校来招我，我认为自己是男子汉，不愿去跳舞，愿意做更雄健、激烈的体操运动员。由兴趣而变成自己的事业，这就要经过多少痛苦的磨炼。童非说，自己的手上不知脱过多少皮。人们最难长老茧的手心，李宁却是厚厚的老茧。这在但丁的《神曲》中，大概是炼狱阶段吧。这对每一个成就事业的人，都是不可避免的过程。再往后，把事业作为崇高的人生寄托，对人类抱有了执著的、庄严的使命感，这时，你的思想便又升华到一个更加高远清明的境界。

我们在学业上确定了目标之后，就应该了解人类在此学科方面历史的积累，从而为超越前人的成果制定可行的目标。判断一个人才能的高低，永远看他的创造性。演绎之中有创造，综合之中也有创造，无创造即无才能。因此，一切科学和文学艺术，都是人类心智的果实，事业家首先应该是思想家，爬行的实践家永远不会获得卓越的成就，而不踏实的幻想家，也将一事无成。

必须了解某领域前人的所有成果之后，我们的劳动才能在历史巨人的肩上继续地前进，才不会白费劳动。不应当为着一个不可能的目标，闲置自己的生命，这种毫无意义的消耗，在人类历史上屡见不鲜，倘若你的奋斗是反科学的，反客观规律的，那么，这种奋斗，无论如何艰苦卓绝，都会一文不值。直到今天，欧洲还有人坚信中世纪的炼金术，在晨露未晞的时候，他们去搜集草地上的露珠，然后回到实验室，做他们极其烦琐而神秘的炼术。新的希望永远给他们带来新的失望，好像上帝惩罚他们做的一件永远无法完成的苦役。然而几十年，他们毫不厌倦。直到今天，欧洲还有人坚信地球是方的，而且著书立说，自成一家。我曾认识一位艺术家，他对机械缺乏最基本的常识，对现代物理学更无所知，但他曾决心创造永动机。我举的不过是几个极端的例证。这些人往往十分认真而刻苦，那是由于他们"思而不学"。他们最后可能会变为偏执狂、异教徒或者神经病患者，思维极端化的变态，便是精神病。

我生长在一个教师的家庭，父亲是位中学教师，母亲是一位小学校长。教师的辛劳，我的体会最为真切，他们生活清贫而澹泊，感情深挚而内向，他们是人类文明发展史上一批最可亲、可敬、可爱的人。他们用10年、20年、30年的血汗，灌浇着一代代的学子。当桃李盛开的时候，他们的老境也渐渐来临。他们吃的是草，挤出的是奶，廉洁无瑕的生活，崇高伟大的使命，使我一想起他们，内心深处永远萦回着一曲神圣的《园丁之歌》。同学们，热爱你们的老师吧，在"文化大革命"中出现过张铁生和黄帅，零分和造反把他们推向了历史舞台。那时，中小学的门窗所有的玻璃都被打得粉碎，几乎无一幸存。教师被批斗，我的母亲被捆绑着牵向街头，在鞭笞中辗转。同学们，一个民族，只要癫狂起来，那是一夜之间便会变为茹毛饮血的野蛮人的，那是民族道德的堕落、沉沦，这样惨痛的历史是一去不复返了。恢复教师的尊严，正是恢复对人类文明的虔诚的敬意。

在科学和艺术上，没有成功的终南捷径，一个在事业上勤奋的人，会相应地有很多的美德，譬如刻苦、俭省、质朴、求实等等。而一个惰怠的懒汉，也同样相应地有很多毛病，譬如消极、颓废、虚荣、贪馋等等。我以为，艰苦的劳动是无言的思想和道德的导师，智慧和灵感来源于劳动。我曾希望，我的年轻的艺术上的学生，不要过于轻信自己的感觉和捉摸不住的灵感。青年时期，正处在灵感随时会迸发的年月，但倘若没有艺术上扎实的基本功，灵感便是镜中花、水底月，亦如希腊神话所谓当太尔式的烦恼——"仰取果实，化为石头；俯饮河水，水即不见"。

前面我曾提到，作为新时代的青年所应具备的素质，精力弥满、生气勃勃，正表明了一个勤奋的人物的基本状态。记得马克思的女婿拉法格讲过："哪里有过人的精力，哪里就有天才。"李卜克内西讲："没有非常的精力，便不可能成为天才。既没有精力，也没有工作能力的所谓天才，不过是一个漂亮的肥皂泡，或者是一张只能到月球上去兑现的支票而已。"保持着勤奋的品格，你就永远处于进击的竞技状态，那你就一步步地接近着胜利。

你们不要满足于能提出问题，而且应该锻炼自己思考问题、回答问题和解决问题。我在艺术上也经过苦闷的时节，我总是在每一阶段订出一个努力的方向，因为我知道，艺术的生命在于不断的创造，当我上下而求索的时候，我就是在寻找克服困难、继续前进的道路。有时的确有"山穷水尽疑无路"的感觉。这时，切莫悲观，切莫松劲，胜利往往在最后的坚持。当我在某一领域有所突破的时候，那就是"柳暗花明又一村"的境界来临了。这时，在你的艺术生命史上，又豁然开朗，又需要开始新的征程。无论在书法上、在绘画上和在古典诗词的写作上，我都坚信，没有终极的目标和水平。古人所能达到的，我一定能达到，古人所不能达到的，我照样要达到。有志者，事竟成。而天道酬勤，又是一条令人深信不疑的规律。我可以告诉诸位，每天早晨，南开教授楼群的窗户，总有几扇亮得最早，当万籁俱寂、启明星还在沉沉的夜空里深藏的时候，我精神的劳动已经开始。我可以念一页我的工作日志，你们就可以知道,生命之弦,我是绷得如何得紧。

你们除去做一个勤奋、质朴的劳动者之外,我希望你们还有浩瀚的精神境界和活跃的想象能力。尽管我希望你们坚守脚踏实地的科学和艺术上的寂寞之道,但我不指望你们一个个成为科举取士时的书蠹,那是精神极其闭塞、心灵极其僵死的产物。我曾经有位叔祖,能将四书倒背如流,他真的一字不落地倒过来背,譬如"学而时习之,不亦乐乎",他念成"乎乐亦不,之习时而学"。结果,他是科举时代最可怜的牺牲品,终身读书,连秀才也考不取,穷愁潦倒而死。你们要像苏东坡一样,"一点浩然气,千里快哉风"。你们的思想应如天岸的骏骑,在无垠的空间凭虚御风。考试成绩的优劣,固然是你学识、能力的一种标志,但不是唯一的衡量标准。我记得曾读到过一份材料,讲德国的克虏伯兵工厂录取工人的考试,80分以上的收取一定的百分比,60分以上的和60分以下的各收取一定的百分比。结果,他们发现,那些称雄考场的学生,往往缺乏创造性,而有些考场不及格的学生,却在实践中表现出过人的智慧。这提供了我们一个思考的课题,对那些考试成绩不佳的,不要失去信心,这其中也同样会出现杰出的人才。如果按鲁迅先生在医科学校的成绩,那是一定会排在比较低能的学生的行列之中的,然而在近代,我以为找不出第二个有鲁迅那样深刻的思想、敏锐的目光和机智的文采的人了。当然,倘使根本不用功,而又多门不及格,当然应该重读。

龚自珍讲:"我劝天公重抖擞,不拘一格降人才。"为什么不拘一格呢,龚自珍是一位具有民主思想的人物,他当然不满意科举八股文取士所熔铸出的一个模子的知识分子。不拘一格,便是要形形色色,五花八门,各种级别,各种层次,这样的人才都为时代所需要。

我们从小在气质上应该恢弘博大,不斤斤计较一时一际的得失,把那些来自城市小市民趣味的东西,来一次彻底大扫除。现在一小部分中学生中渐渐流行着一种玩弄小智慧、小聪明:哗众取宠的俏皮,尖酸刻薄的挖苦,小名小利的追逐。这些都是壮夫不为的小动作。生活中看来微不足道的小毛病,则往往是气质的表象。倘使我们不再热衷于飞短流长的闲言碎语,不再为了小小的物质的欲念而动心,不再有不高尚的烦躁、不安和愁闷，我们的心灵就会像洞开的窗扉，惠风和畅，心灵的负荷减轻，那它就能容纳、储存人世间和宇宙间真善美的事物，而一个真正为真善美而痴迷、动情的人，那他就对假恶丑有了天生的反感、天生的排斥。

同学们，我已经讲了很多，你们一定会问，作为画家，你们对祖国对人民的使命感又是什么呢？作为画家，你如何为伟大的时代奉献你的全部生命的呢？

我想念一首我的曲子，题目是《将进酒》，这是我在酒酣照胆时的诗作：

把酒凌虚，击节高唱，凭添这山河壮，看笔尖儿画出了神州沧桑，思往事，总回肠。

壮怀浩荡，中华自古出脊梁，包河上神藕无丝传佳话，廉泉边圣水有意辨奸良，渐江自负峥嵘骨，嵇康何惜血一腔，叹万古风高节亮，莫再说寻常哀怨，但记取家国兴亡。

我将这豪情寄笔上，素练起风霜，泼墨中，赞绝壁青松垂百丈，烟云里，听古琴慷慨奏宫商，夏门外看惊涛卷起千堆浪，纵教那往事如麻何渺茫，我只知将这童贞一片写万象。

将进酒，莫彷徨，今宵同识古井香，一饮气比长虹壮，环滁皆山冈，学一番，醉翁样。

同学们，我的作品所可能告诉观众的，是中华民族世代所歌颂、所尊重的精神和品格。而我的艺术技巧，则是从传统的宝库中提炼菁华，并赋予新的生命。

同学们，你们有幸生长在一个伟大的国家、伟大的民族和伟大的时代。锦绣的山河，灿烂的历史，杰出的人物，都能熔铸你们坚毅美好的性格。你们将会成为时代的骄子，河山的真主。回首顾，千秋青史；抬头望，无限关山，让我们吟哦唐代伟大诗人李白的名句："大鹏一日同风起，扶摇直上九万里"，让我们举起垂天之翼，作一番长空的逍遥游！

我与故国六十年

36

"天行健，君子以自强不息。"
——在东京与留日学生一席谈

（在座者有青年艺术家、留学生王狄棣、马骁、李燕生、沈光文、董沙贝、张强等十余人。）

范　曾：时光匆匆，一别又是一两年了，"君不见，高堂明镜悲白发，朝为青丝暮成雪"，少年时读李白的《将进酒》，总以为是诗人的浪漫，而当我双鬓初染的时候，就深深体味到时不我待去日苦多的紧迫感。

就我个人而言，我有紧迫感，想到应做的事很多，而时间又那么少，于是我除去拼搏之外，没有第二种选择。我从少年时代到今天，一直是五时前起身，真有祖逖闻鸡起舞的精神，而且一坚持就是三十多年，现在精力还依然充沛，我就怕力不从心的时节来临，那时"空悲切"就晚了。

就国家而言，我的紧迫感更甚。总觉得应深刻总结"文化大革命"的沉痛教训，不能再自耗，应急起直追。世界经济的大趋势对中国的要求已越来越严峻，刻不容缓，来不及等候你左顾右盼，踟蹰不前。这些年在国内，虽然我也遇到种种逆境，但历史的大潮流却是沿着十一届三中全会之后改革、开放的方向前进着。我对自身的安危、忧乐想得较少，因为也的确花不起那种时间，我迫切想干的是：如何大力发扬我们民族的文化传统，确立东方文明在世界文明中光辉的地位，并且以此强化中华民族的自尊心、自信心。这就是我朝斯夕斯，想着把东方艺术大楼建成，以作为教学和国际交流基地的思想基础。

李燕生：这个想法，也是我们共同的心声，来日本这些年，深感中国传统艺术绘画、书法、篆刻的博大精深。这是我们民族的骄傲，我们没有任何理由妄自菲薄，因为无论在理解力和技法上，中国人在东方都有独得之厚，我在奋斗中坚定了信心，而且就以自己的成就回报祖国。

沈文光：作为一个女性画家，而且是中国水墨山水画家，中国自古就付阙如，我决心用自己的实践证明，新的女性有这样的胆识、学力和功底，去开创崭新的领域，作为一个中国人，我时时事事想到，要替中国人争光，为中国画争一席之地。

范　曾：我看你的画表现出了这种恢弘的气概。中国传统文化有着不可忽视的潜在力和对世界文化的影响力。我们的自信心，是创造新艺术的必要前提，我们不只不能步古人的后尘，也不应食洋人的残羹。作为一个有民族感情的中国艺术家，决不能数典忘祖。然而，我们继承传统艺术，决不意味着排斥外来文化和艺术。问题是，有些人总想找到一条成功的终南捷径，甚至对舶来品有"嗜痂之癖"，以腐朽为神奇，自欺欺人，对国对民对己都无任何裨益。现在你们在日本，我也希望你们深入这个民族文化的精髓，一个民族之所以能自立自强，必有它赖以存在的支柱，我想，日本民族那种锲而不舍的探索精神和高度认真负责的工作态度，显然值得我们学习。同时，我们还应不断注意提高自身的素质，抵制各种不良的影响。

中国自1840年鸦片战争以后，曾经历过沦为帝国主义列强的半殖民地的屈辱历史，我们无论何时何地，的确应当学习鲁迅先生那种坚贞不屈的硬骨头精神，一个没有自信心的民族，是一个怯懦卑微的民族，而一个没有自我牺牲和奉献精神的民族，也将是一个利己的、鼠目寸光的、没有前途的民族。中华民族的崛起，是历代志士仁人的最崇高的梦想，不少人为之喋血，如谭嗣同；不少人最后失望，如严复。作为未来中国的栋梁，我希望诸位"天行健，君子以自强不息"。

张　强：范先生谈得太好了，我们听到来自祖国的艺术家的讲话，十分激动。我有志为50位曾在中日友好史上作过贡献的人物画像，希望范曾老师题词写序。（范曾欣然答应）

朗月在抱

戊子年
范曾

"月是故乡明"
——与留学联邦德国学生谈话

诸位亲爱的同学们：

我从巍峨的长城边来到了秀丽的莱茵河畔，他乡遇故人，我的心境和你们一样高兴。诸位一定十分羡慕我，再过两天，我又可以看到祖国的莽莽关山，故乡的无边风月。在那儿有桑梓的怀恋、情亲的友爱、古老的文明，曾经使我们度过了永志难忘的童年、少年，即使在睡梦里，我相信那慈母的笑脸，尊师的宏论，爱人的倩影，都会如那温煦、芳馨的春风抚慰你们的心灵。我也十分羡慕诸位，远离故土，提供了你们一个反思、回忆、追寻的思维的空间。对于太熟悉的事物，要隔相当遥远的距离，才观察得更清；而对太熟悉的人物，也要分别相当的时日，判断得更明，因为，对事物与人的了解永远需要削繁就简，才能得其大要，才不会"谨毛而失貌"，让非本质的东西掩盖了真相。

这里，我从对中国画的了解，来谈谈对东西方文明的管窥之见。

由于地域的隔绝，交通的阻塞，从上古至近世，人文历史东西方各以自身的轨迹和规律发展，于是东西方在审美心理上的差异是巨大的，因为它们有不同的源和流。当中国殷商、周代青铜文化达到美轮美奂之境，创造了大司母戊鼎、虢季子白盘、龙虎尊、四羊尊等稀世之宝的时候，我们的诗歌则大体是四言的国风，而同时代的古希腊却出现了荷马这样伟大的叙事史诗诗人，他的《伊利亚特》和《奥德赛》也宛如中国

屈原

的古青铜一般的厚重、斑斓夺目，然而，中国伟大的浪漫抒情诗人屈原，终于在风体的陶冶下创造了他流芳千古的楚骚，他的《离骚》、《天问》、《九歌》和《九章》，足可彪炳于人类瑰丽的文化宝库，永葆厥美。他同时代的西方，正是马其顿的大帝亚历山大东征西伐，缔造他庞大的帝国的时候，那时就没有与屈原同样光照千古的诗人。我们再跳跃到文艺复兴早期，罗马出现了恩格斯谓之"中世纪最后的一位诗人，同时又是新时代的最初一位诗人"但丁，他的人文主义思想使他勇于将教皇打入地狱，而将他意中的情人贝雅特丽齐送进天堂。然而几乎和他同时活在地球上的中国画家如倪云林，却完全沉浸于他逍遥物外、不食人间烟火的淡烟疏林之中。中国离人文主义还十分遥远，因为资本主义的萌芽直到明代中叶之后方见端倪。一切文化都有它们所由产生的历史、社会、经济、习俗、人文的大背景，宛若土壤对于植物、水流对于鳞介。

人类历史上也出现过文化的融合、渗透、侵吞、排斥、消长，然而，优胜劣败，人类的文化史也经历了自身的生存竞争，具有生命力的文化都会历久弥新，生命之树长青，而缺乏生命力的文化，则渐渐自然消亡。

东西方文化圈越远离中心，其影响越趋淡漠，一如向水中掷石块，其波纹离击水点越远，也越趋平缓，直到今天，中国画对西方人还依旧是陌生的，难于理喻的。西方人之谈中国画，颇似他们之谈老、庄，往往在其外而忘其内，得其粗而忘其精，隔靴搔痒，总觉其浅陋。我以为，了解一个国家的文化，必须有对产生此文化的历史、社会背景有所了解，否则，我们很难登堂入室，穷其奥妙。

我的绘画现在在东邻日本，达到风靡的地步。在香港地区、新加坡、马来西亚、台湾地区，我也被列为中国第一流的画家。到了加拿大和美国，人们虽然也热烈地欢迎我，但那种由衷的狂热却不似亚洲，而今天来到德国科隆，我只能讲受到了礼遇的款待，看到了他们安静地、川流不息地看画，然而从他们的表情和提问中，我以为我们心灵的窗扉并未相通。我对来自波恩的40名著名人士作过一次报告，对艺术学院的学生们也作过一次讲座，我只能讲中国画最初步的知识，刘炳森先生也只好讲中国书法源流的简单概貌，即使如此，我想，他们也不会完全听懂，而真正对一个国家的文化进行了解，却正应在微妙之处辨析，那么，这在目前西欧还做不到。

在中国，前一时期展开了一场有关中国画的前景的大辩论，有的人认为，中国长期封建的、闭关的社会，使中国画成为天地不变、道亦不变的僵化的木乃伊，认为中国画的历史是技法上不断完善而审美领域不断缩小的历史，认为中国画已到了寿终正寝的时候，可以作为"保留画种"，储藏到博物馆去了，危言耸听，煞有介事。于是有为了树建这样的理论而身体力行的画家出现，他们说要和传统的审美心理彻底决裂，他们的行动本身是反传统，要彻底打碎传统的价值标准。他们的作品所可能给予观众的是丑陋的形体，杂乱无章的结构，令人作呕的色彩。据说，这样，他们才看到了中国画的光明。而中国画的革新，正从他们脚底起步。浅陋、粗俗、口不择言，不啻是艺术界的泼皮、嬉皮士，他们公然把每个字的形体都打碎，而且非错则别、挤到世界画坛去，我以为这无异于对中华民族的亵渎。

我不能与这样的观念苟同。在我看来，舍弃传统的精英，而到西方现代派的艺术余唾中讨生活，貌似革新，实在对西方而言，不过是一种因循和守旧。还有一位青年理论家讲，古人如何讲，我反过来讲，我就立住了，就新了，这不正如摄影之正片翻为负片，是最省事的，是另一种形式的剽窃。事实上，新与旧并不是艺术的唯一标准，判定一个艺术品的真伪良莠，还在艺术本身的内质。

我对中国画和书法的前景，抱着十分乐观的态度。我以为它历经数千年而生生不息，这正表明它有着内在的坚韧生命力，中国画并没有到气息奄奄、朝不虑夕的地步。只要我们善于撷取中国画优秀传统的精粹，放到生活的熔炉中去锤炼，那么正如石涛所云，"笔墨当随时代"，不会在古人的残杯剩羹中饶滋味的。我个人的绘画，便是在这种坚定的信念鼓舞之下积以数十年的辛勤稼穑的果实。

在我的展览会上，有一位中国的自费留学生请我为他题"忍"字，我初不知她的意图，因为一个一直与恶劣的命运抗争的艺术家，是不愿用"忍"字作为座右铭的。她告诉我，在国外生活，不"忍"不行。我想，她一定有很多的潜台词，我告诉她，"忍"字倘若当作谅解、宽容、博大、居高临下来解释，对无聊的甚至恶劣的人和事，抱着"竖子不足与谋"的清高态度；这都是可以的，有积极意义的。然而，"忍"字决不意味着一切逆来顺受，各国都有法律维护人格的尊严，不能由于"忍"字而解除为人品格的最后一道防线。在发达国家，能在繁华纷乱之中保持着清风高节，这是中华民族的本性，龙的传人的懿范，我们尤其不能奴颜媚骨。我给她讲了韩信的故事，我说苏东坡《留侯论》中提到的张良或者历史上韩信的故事都说明，忍辱负重乃是为了真正的扬眉吐气，就怕一个人只学会了韩信的忍受"胯下之辱"，而最后成不了韩信。对一个真正的有志者，不必动辄发怒，诚如苏东坡所讲："天下有大勇者，无故加之而不怒，卒然临之而不惊，此其所挟持者甚大，而其志甚远也。"我经常告诫国内大学的同学们，应当深刻理解韩愈所讲过的"中肆外"，意思是一个人必须有内在的博大修养，才能有洒脱而无畏的仪表。

我料想你们在国外会遇到一些不顺心的事，我上面已谈到一些处理这些事的基本原则。我想告诉诸位这次来到联邦德国之后的两件小事。其一，我们一到科隆，把我和老周（曾任驻非大使）安置在一家小旅店，大使馆当即向德方提出不妥，因为对待中国的一位大使级干部和名艺术家不应如此，我很同意刘晓庆在美国的气派，既然把她作为名演员、影后邀来，那么为了中国的尊严，也不能不住第一流宾馆。经过交涉，原来科隆市长不知道下面的安排，我们很快地换到五星级的饭店。当时我声称，倘不更换，我自费住五星饭店，别以为中国的艺术家都必须仰人鼻息，那位接待者为之震惊。其二，我与大使馆二秘去买东西，商店有一位油腔滑调的售货员讲："你们对他要耐心，这是北京来的。"言外之意，买不起东西还要挑选。二秘告诉我，此人不友好。我脸掉下来，挑了几十件礼品，我叫一位女售货员算账，那个老售货员逡巡而去，女售货员很客气，问我对科隆的印象，我说很好，是一座古老的、美丽的城市。唯独对刚才这位印象不佳，请转达，不仅对北京的顾客应当有耐心，对所有的顾客都应当有耐心，女售货员十分抱歉，送到门外。后来出门一想，我气倒是出了，他钱却赚了，进一步想，对于那个商

梦游天姥吟留别

鹅

人（老售货员），钱比尊严重要，而我却认为尊严比钱重要，算是各得其所，价值标准不同。

同学们，我与炳森兄都曾历尽贫寒，在青年时代，我们很受金钱之欺侮，经常是囊橐萧条，有一年春节，我正好断炊，彼时的困境，当非诸位可想象之。然而今天你们都看到报纸，我在年初展览所得，涓滴归公，献给了母校南开大学，我当然知道，这对个人，是一笔巨款，而对于中国，只是沧海之一粟，我只是企图以此证明一种精神，即中国的知识分子自古所推崇的奉献意识，我更希望大而化之，全民都有对祖国无私的奉献意识。我对生养我的祖国，有着无限的爱恋之情，它不仅提供了我衣食之源，而且它给了我道德和人品的力量，使我在世界艺术之林傲然崛起。有一次我写一首七律，给我所景仰的数学大师陈省身先生，词云："海外常悬家国业，南开一系故园心。"陈先生以七五高龄，为建设南开的数学所继续奔走于中美之间，精神实在至为感佩。同学们，莱茵河固然美，然而终究"月是故乡明"，我等待着你们学成归国，在故里创缔大业。

中国的未来，等待着一批年轻的才志之士，若干年后，倘若中国有几万个德、日、美留学生归来，我想，中国会加快它崛起的步子。

中国由资产阶级民主派的变法维新，到伟大的革命先行者孙中山，到新民主主义、社会主义革命，前后一百多年，中国在艰苦的、悠长的岁月中探索着光明的前途，今天我们终于走上了建设具有中国特色社会主义的康庄大道，发展生产力，改变生产关系，永远是历史进步的杠杆。

为了中华民族在本世纪的最后13年和下个世纪的50年内外真正跻身于世界先进民族之林，我们正任重道远，我希望在座的诸位都能从忧患意识上升到协同意识，升华到奉献意识，为了祖国，鞠躬尽瘁，死而后已。

横经说剑

己丑年
范曾

要为祖国和时代奉献力量
——与山东艺术院校同学对话

问：您对1986年部分地区的学潮怎么看？

答：关于这个问题，我作为一个艺术家，也倾注了一定的关心。为什么呢？因为我在大学里做教授，青年人又愿意接触我，我对他们讲过两个中国古代的神话故事：一个是中国古代有个共工，头触不周山，天柱折，地维绝，天倾西北，地不满东南，日月星辰移焉，天下大乱。另一个神话人物就是女娲。女娲经年累月地辛劳，炼五色石，用来补天。作为当今的中国大学生，应该思考时代，对时代要有一个正确的分析，多做女娲的工作，要学补天。我们的党中央正坚持改革和开放的方针，我们的国家和民族在前进中不可能没有问题。中国的知识分子自古以来就有一种优秀的品格——对时代对国家的忧患意识。说实在的，我范曾也有这个忧患意识，有时还是很深沉的，有时候还是"思尽波涛，悲满潭壑"的。但是，如果仅仅停留在一种忧患、沉思甚至痛苦之中，那是错误的。推动时代的进步，我们都责无旁贷，应该对时代奉献出生命、力量和全部热情。我觉得我们有了参与意识，有了协同意识，再升华到奉献意识，那么我们的祖国就是大有希望的。诸位大概知道前一段时间我到日本举办画展义卖，捐献了180万元，最近我又向全国发布新闻，又追增140万，为的是修建南开大学东方艺术大楼。对修建这座大楼，我当时也有忧患意识。国家百业待兴，资金缺乏，怎么能伸手向国家要钱？那我就想，我还可以用我这支秃笔来发挥它一点真正的社会功能。我也自信,我的艺术在日本、东南亚甚至在世界上都有它一定的威望,那我就不妨一试,这一试大举成功。在日本,这次美展大概卖了相当于1亿2000万日元。我的画是在日本东京、大阪一个全世界著名艺术家瞩目的画廊展出的,而这个画廊要的钱又非常多,你卖一张画,他就要40%的钱。这次日本画廊拿去了大概40%的钱,另外还有很多花销,诸如保价费、交通费、旅馆费、飞机费等也扣除了许多,所余下的6000万日元,我一文不要,全部献给了南开大学。我在日本为了使这笔钱赚得更多,宁可住在一个很不起眼的饭店,因为我这次是为国家挣钱,我不需要这个虚荣。在日本,看我的朋友很多,在宾馆里有电冰箱,里面有很多冷饮、汽水,我不许任何人开。我说,我这次到日本来,不是来享受的,我希望诸位也不要喝冷饮。有时吃饭我希望花最少的钱,一碗日本面就行了。我的这种精神才真正感动了日本的友好人士,他们才竭尽全力为这次画展的成功提供他们的努力。所以,谈到奉献意识,谈到女娲补天,这不是一件容易的事情,它需要勇气、力量和智慧。

问:根据您自己的经验,一个人成才应具备哪些条件?

答:宋代的秦少游曾经论述了人的成才。他说有一种通才。这种通才就是他具有博大的才学,他可以治国平天下,他可以做各方面的管理工作;有一种是奇才,他在很多方面是无能的,可是在某一个方面却有奇特的才能;第三种是庸才,庸才往往随波逐流,无所创造,人云亦云;最后一种是废才。我们希望自己由一个平庸之才变成真正的奇才,再进一步讲,你们有博大的才学的话,希望成为通才。至于我是个什么才呢?平心而论,我还够得上一个奇才,诸位不会认为我骄傲吧。说我骄傲的人是不少的,但我觉得范曾骄傲得很不够。"人不可有傲气,但不可无傲骨"。有人曾讲,范曾是很狂妄的。我说,"狂"这个词是随便能给我的吗?我以为这对我评价太高了。在春秋时候,楚狂接舆歌而过孔子:"凤兮凤兮,何德之衰。"这个楚狂是楚国的圣人,他才能够慷慨陈词,在孔子面前唱着歌过去,他算个狂人。鲁迅先生写《狂人日记》，这个狂人是革命者，我也不够。你们山东的蒲松龄写《聊斋志异》，他讲："永托旷怀，痴且不讳，遄飞逸兴，狂口难辞。"他以为，"狂"是很难得的美德。我范曾的确不够，所以，说我范曾狂，表扬过分了。

刚才这位青年问我如何成才。我想，一个有志于事业的人，对自己的认识非常重要，也就是我们经常讲的发现自我。有人以为这是个人主义的代名词。我认为不对。发现自我是必要的，只有发现了自我，才能不断地完善自我，超越自我。我也有发现自我的过程。我曾经就发现过我搞数学不行。在陈省身先生教学50周年纪念大会上，只有我一个艺术家坐在主席台上，由于我有一张"祖冲之运率图"送陈省身先生，所以请我讲话。我说诸位知道，今天在座的，数学最坏的就是我，全场鼓掌表示承认，只有发现了自我，才能够扬长避短，使自己仅有的生命发挥最大的效能，成为一个真正有益于国家和社会的人才。我发现我不具有通才的本领，通才至少要齐家治国平天下，我连家都齐不了，家里有多少东西，口袋里有多少钱，我永远不知道，而且我的数字头脑是极端恶劣的。所以想来想去，做画家最能够发挥范曾的潜能，达到扬长避短的目标。我成功的不二法门有四个字：第一，勤劳；第二，执著。一个惰怠的人，他一定相应地有许多坏毛病。比如你懒惰，你就会意志消沉，你就没有坚强的毅力，你就不能抵制物质的诱惑。一个勤劳的人，相应地也会产生许多美德。比如讲，他能够在很紧张的时间条件下发现他的主要目标，牢牢地把握住它，能够节约生命的每一点滴时间，而不会把时间闲掷闲弃到无聊的事情上去，不会使自己在这样或那样的诱惑面前沉沦。光有勤奋不行，还要执著。目标既定，要矢志不移，我们很多人不是因为缺乏才能，而是因为在生命的过程中，一会儿向左，一会儿向右；一会儿搞这个，一会儿搞那个，把自己的精力耗尽，这是一个莫大的遗憾。

问：请您谈谈艺术的社会功能。

答：中国唐代有个张彦远，他说，艺术要能够助人伦，成教化。就是说，要

·我与故国六十年·

数学很好玩

能够帮助人们品格完善，要能够行助于社会的整个精神的提高。这是一千多年前的事情，今天依然要注意到艺术的社会功能；不注意社会功能的艺术也是有的，在几十年前，艾青同志就讲过：有位提琴家是一个真正的、优秀的、有艺术修养的人，但他彻底陶醉在自我之中，与世隔绝，躲在屋子里，每天对着灯泡，悠然陶然地拉着他的提琴，拉完了以后，他也累了，睡觉了。这样的艺术家，在当今各国都有。有一次，法国大使馆邀请我去看一位法国当今现代派大师画画，这位现代派大师是个瘸子。一块大画布摆在他面前，他对着画布沉思良久，然后拿起一个拖把，一癫一瘸地奔向了画布，"啪啪"两下，完了，一幅"杰作"产生了。看了这幅画，到底有什么感觉呢？我们对任何事物都要一分为二，我看这幅画有一定的力度，因为这个拖把刷上去毕竟和芦苇刷上去不一样，它有一定的力度；如果把这一幅很有力度的画放在我的画旁边的话，最初我可能要吃点亏，因为大家先会看到这两笔的力度。但到底这是什么呀？起先以为是房子倒塌，或者一个很惊怖的情况发生了，接着发现画面上一无所有，就是这两笔。再回过头来看看范曾的画，有味道了，进而陶醉了，这时你们和我的心灵就有了相通的桥梁了。我看到的各国现代派的艺术博物馆很多，有一次看到一张画，这张画是用五彩纷呈的线条构成的一种不可思议的韵律，这种韵律让人看了会怎样呢？你在这幅画面前几秒钟后就会晕眩。那么，这幅画的功能如何呢？可能作为公安部门破案的手段，或者作为一种精神威慑力，是有它一定作用的，但却没有什么审美价值。我们的艺术作品，不能离开和千百万群众相通的桥梁，自己更不要有意阻塞这座桥梁。偶尔，有的年轻艺术家要搞一点现代派，这是完全可以的。因为人们总是要这样那样地试验、尝试。我也许偶尔也会来一下，把一脸盆水泼在纸上，然后色墨俱下，搞出一张东西。偶尔一次，大家还会认为范曾醉后轻狂，认为是奇思妙想，弄多了，人家就说你摆地摊，卖狗皮膏药。因此，艺术作品和广大人民群众有相通的桥梁，才是中国的优秀传统。唐代的大诗人白居易，他从京都到南方，在车上、舟上，都听到人们在朗诵他的诗。宋朝的词人柳永曾经自豪地讲，凡有井水的地方都会朗诵我柳永的词。苏东坡的"明月似练,清风如水"这八个字一出来,一夜传遍汴梁。一个艺术家的快乐,也在于他的作品能够唤起人们一种共同的审美,能给群众以情操上的感染。如果失去了这种功能,那么这种作品又有什么用呢?

再比如,李存葆同志写的《山中,那十九座坟茔》,诸位一定是看过了。经历过"文化大革命"的人,都会感到李存葆抒发了千百万人民的心意,所以李存葆在北京、在中国那么有名气。"山到成名毕竟高",他能够唤起人们的心潮。这是艺术的社会功能的一个方面。另外,像我的画到日本去,能够得到一些实际的经济价值,能够服务于社会,这是作为艺术社会功能的另一方面。它除了欣赏价值以外,在市场的交换中还有它的商品价值。

问:你对前一时期中国画界出现的全面否定传统的倾向有何评论?
答:南京李小山的文章我曾经有所批评,在《天津日报》用整版的篇幅谈到我对中国画前途的看法,文章的题目叫《中国画纵横谈》。后来在《江苏画刊》我也发表了内容大致相近的文章。李小山作为一个青年人,对中国画缺乏深刻的了解,他本人又没有经历过长期的艺术实践,而要对中国画这样具有几千年优秀传统的画种宣判死刑,这是不能为一个严肃的艺术家、尤其是从事中国画的艺术家所同意的。他的主要论点认为:中国画的历史是技法不断完善而审美不断缩小的进程;到了今天,中国画已经气息奄奄,朝不虑夕。为了表现他对问题看法的尖锐程度,增强他讲话的响亮度,他把当今之世最有名的画家说得一无是处。按照李小山的理解,我们中国传统文化里一个很重要的部分——中国画,已成为一个木乃伊了,可以放进博物馆了。如果按李小山的看法,当代的齐白石、傅抱石、李可染、李苦禅这些在中国现代绘画史上有着卓著功勋的艺术家,都完全是废物的话,那么我们中华民族的文艺在这个领域里就是一片空白了。李小山的观点还不是一个人的,在文学上也有同样的思潮,如社科院文学所有一个博士研究生,也曾经发表过类似的观点,他认为从屈原到鲁迅,也是一无是处的。

如果中华民族在历史上如此优秀的人物都一无是处的话，那么我们中华民族也就真正的丑陋了。相反，在我看来，从屈原一直到鲁迅、闻一多，作为中华民族的脊梁，一脉相承，实在是中华民族的光荣。我们不要受貌似很尖锐、实际上是空洞无物的舆论所干扰，因为这样的理论是没有任何根据的。真正能够把握一个领域里的观念而使这个领域向前迈进一步的人，这在人类历史上是有的，可是这样的人往往是对艺术竭诚尽忠之士，而不是对历史作简单否定的人。陈省身先生是个大数学家，经常与我谈天。他说，任何伟大的科学成就，都是在前人基础上的超越，而决不会是空中楼阁，爱因斯坦之于牛顿，正是如此。

问：一些初学书法的青年，想从您的成才之路中得到一些启发。

答：书法艺术在中国是一个非常伟大的艺术领域。它为什么伟大呢？因为，全世界作为表达思想语言的工具——文字，像中国书法具有这样的审美价值，经历过几千年的考验而历久弥新，发展到今天这样的五彩纷呈的书法面貌，这在世界上是奇迹。因为，中国的文字独具特点，一个字是一个音、一个意，由字组成词组，表达一个意思，形成一种思想，这种思想需要一种表达的外衣。一个非常豪放的人，他不会写得非常胆怯；一个很潇洒的人，也不会写得那样猥琐、拘谨；一个宽厚的人，不会写得那样刻薄。因此，书法是表达思想感情的一种工具。我们看岳飞的《出师表》，就有一种豪放的激情。书法艺术要达到形其哀乐的境界，这对书法爱好者来说是一个漫长的过程。在这个领域里，你能把你的神经末梢的微妙感觉传送于笔端，把你内心激动的潮流像一个良导体一样送到笔尖，成为一根线条，这不是一个简单的事情。我从少年时就爱在家里练字，那时练张裕钊。到了大学后，又练碑帖。大学毕业后，我觉得自己的字还是不好，就回过头来练魏碑，练王羲之的《兰亭序》。经过长时间的摸索后，才渐渐感到书法能够表达我的感情。所以，我练书法还是那四个字：第一，勤奋；第二，执著。离开这两条，任何事情都是不能成功的。

问：请结合东西文化的融汇，谈一下东方文化发展的趋势。

答：这个问题问得太大，我仅谈一下我对中西方文化交流的观念。中西文化在漫长的历史进程中形成了各自的规律，有着不同的审美标准和价值标准。同时，它们都有自己的精粹和糟粕。我们对西方现代派的东西不要笼统地反对，要作具体的分析，譬如哪些是人们在艺术观念上的探索，哪些是艺术实验过程，哪些是纯粹的糟粕，或者干脆是垃圾艺术。现在有的青年人对现代西方的东西蕙莸不辨，往往将一些人家早已视为陈腐的东西看作新奇，步其后尘，拾人牙慧，这实在是一种缺乏自信力的表现。我们主张东西文化能取长补短，反对表面的、机械的结合，提倡洋为中用。中西文化能够在交融中得到发展，这是一个历史的规律，可是这种交融，不是为了缩短东西方艺术的距离，而是为了加大距离，越大越好。距离大了，差别大了，也就有一种吸引力。我们在生活中也是这样，如果一个女性，她具有男性的全部特点，对男子来说她有什么吸引力呢？区别是需要的。我不知道体育界怎么看待女子健美操，我在这里发表点谬论。我觉得女子健美操的动作走上了男性化的道路，缺乏女性的一种柔和的天性，这套动作实在是不太雅观。我认为女子健美操应该加大与男子健美操的差别。中西文化的交融，如果最后中西文化的区别消失了，那就完全违背了它的本义。

问：欣赏你的作品，深深感到每幅作品都是我们民族自己的。在当代艺术创作走向现代化的时代，你怎样确定自己艺术定位？

答：我的作品正如各位所看到的，都是用中国传统的笔墨来描述我心里的感觉。我的作品尽管是古人，可是当代世界的评论，说我反映了一种时代精神。那么我的作品是不是新呢？对这个问题的回答，我想把日本大画家平山郁夫对我的评价转达给诸位。他是在日本的一个电视中心里向全日本人介绍我的艺术时说的。一位记者问他，你认为范曾先生的作品是不是新？平山郁夫回答，评价艺术的标准是好和坏，不是新和旧，他说，范曾作品好。他回避了新和旧的问题。因为艺术作品不因为它的标新立异而决定它的好坏。相反，如果一个艺术家是诚

南开大学东方艺术大楼

恳的,他忠实自己的感情,忠实于自己民族的艺术,忠实于民族传统绘画技巧,他一定能创造出他同代人所能接受的作品。我的美术展览,1986年12月份在北京开幕,15天内,观众络绎不绝,人们排了几十米的长队,来买展览会的入场券。参观我的展览的有中央首长、有教授、有普通工人、战士。他们为什么对我的作品倾注了同样的热情?我想是因为我的作品体现了中华民族的一种精神,而这种精神可以唤起民族的自信、自重、自尊、自爱的心理。这种心理是每个人所具备的,因为我们每个人内心深处都有一块最美的领地——祖国。有人要我谈谈中国画的爱国主义问题。爱国主义这个词是无所不包的,是非常广大的,又是非常深刻的。作为中国书画家的范曾,我希望通过自己的作品来弘扬中华民族自古以来所尊崇的那种品格、道德,通过自己能够征服人心的艺术技巧,来告诉人们中华民族的文化是能够永葆其美妙的青春的。而有的人却忽视了这一点,认为我们民族一无所有,这就宛如我们自毁长城一样。我们如果没有精神上的长城来维系,我们民族的向心力、凝聚力又何在呢?我看过台湾作家柏杨写的那本书《丑陋的中国人》。如果我们每个人都把中国看成是那样,就很容易使自己心灰意冷,觉得百无聊赖。我们应该看到这个民族自古以来所推崇的品性,尊崇中华民族的优秀品格。鲁迅先生在30年代就曾经提出来了:中国人失去民族自信心了吗?因为当时有些资产阶级的反动学者提出中国人没有自信。鲁迅先生讲,不是这样。他说,中华民族自古以来就有埋头苦干的人,就有拼命硬干的人,就有舍身求法的人,就有为民请命的人,这就是中国的脊梁。在我的书画里,歌颂这种脊梁,也就是体现在我的艺术上的爱国主义思想。

问: 请您谈一下南开大学东方艺术系的现状和追求。

答: 东方艺术系过去在中国的综合大学里是没有的。我在其他国家的大学里讲学,发现有名的综合大学总是理、工、文、艺、医都存在。我想在改革的时代潮流中,可以设想在中国的综合大学里建立艺术系。我的母校南开大学在人才的综合力量上是很强的,因此我想在南开大学建立东方文化研究的基点,因为中国作为东方文明的发源地之一,如果没有系统研究东方艺术的基地的话,那是很不应该的事情。这几年来,我一直在追求实现这个目标。可是现在要建立一个系是很不容易的,因为这不是院系调整的大变动年代,要调进一个人才,尤其是调进真正需要的杰出的艺术人才,那是非常困难的。我正在艰难地、一步步地做这方面的工作,广罗人才。另一方面,有了人没有教学楼是不行的,因为作为东方艺术系,有它特殊的要求。我现在竭尽我的全力来兴建艺术大楼,我已捐献了300万,还不够,大概还要捐献90万,这座楼才能盖起来。我是个好为狂言的人,豪言壮语一出来,是要负责任的。既然我已讲了,我就要做到。现在我可以欣慰地告诉诸位,我的目标达到了,这座楼可以盖了。东方艺术系的筹备包括物质的、精神的两方面的工作,我希望能够在5年之内初具规模,10年之内具有一定的世界影响。这就是我的奋斗目标。

问:请您谈一下您的业余情趣和业余生活。

答:业余这个词对我是没有意义的。我从早晨起来一直到晚上睡觉,都是在专业之中,因此我没有业余。这位青年可能是想要我谈一下除了绘画以外还有什么爱好吧?我喜欢听音乐。有一次,施光南坐在我旁边听音乐会,每一首歌唱出来以后,我都认为妙不可言,热烈鼓掌,施光南就不大鼓掌。我对他说,你鼓掌未免太吝啬了吧。施光南讲,有的唱得并不是很好的嘛,你还拼命鼓掌干什么?诸位知道,我长着一双非常刻薄的眼睛,可是长着一双非常宽厚的耳朵。对绘画我要求非常严,优劣、真伪在我的眼里是逃不过去的。可是对音乐我仅仅是爱好而已,最好的音乐、一般好的音乐或者是很一般的音乐,我都可以接受。这说明我在其他方面的修养非常有限。除去画画以外,写诗还够得上一个专家的水平,因为《范曾吟草》也出版了嘛。我爱写旧体诗,从小就喜欢写对联,总爱即兴神驰,写首诗,写首词。中国诗词学会成立,我还当了个理事。在体育家面前,我是非常惭愧的,甚至是孺子不可教。

鲁迅先生造像

我的作品在『新青年』上,步调是和大家大概一致的,所以我想这些确可以算作那时的『革命文学』。……自然,在这中间,也不免夹杂些将旧社会的病根暴露出来,催人留心,设法加以疗治的希望。
《南腔北调集·〈自选集〉自序》

九二年春右君于北京

鲁迅先生造像

问：这些年来,你都遇到哪些坎坷?

答：工作上的坎坷很多,我想抽象地谈谈。一般说来,有大成就就有大坎坷,有小成就就有小坎坷,无成就的无坎坷。诸位以后也一定会有遇到坎坷的时候,我希望你遇到大坎坷,这说明你将有大成就;有小坎坷的时候,你也要迎头而上,这说明你将有小成就;没坎坷的时候,应该去寻找坎坷。说到生活上的坎坷,不知道诸位看过我写的词没有:"岁月堪惊夏复秋,寒霜暗染少年头,韶光忍使付东流。万里征程催战鼓,丹心报国志无休,和风化雨洗余愁。"我在青年时代也遇到过爱情的挫折。这个事情临到头确实感到天地快毁灭了,不得了;可是过了这段时间反思一下,再回过头来看看,"风乍起吹皱一池春水",不过是生命中的一点波纹而已。

再造民魂　重振雄风
——在七届政协一次会议上的发言

据英国《独立报》1988年3月26日报道："当李鹏昨天在全国人民代表大会的开幕式上作报告时，各位代表手头都有一份他的讲演稿，每当代表们翻过一页讲演稿，坐在人民大会堂楼上的外国外交官、记者和解放军军乐队都能感到一阵风。"同志们，我想，这是一阵起于青萍之末的微风，它正通过无数的信息传播工具磅礴于全中国、全世界，它必然成为我们时代的浩然雄风。每当我们翻开一页讲稿的时候，我以为这是在打开历史新的篇章，一种历史的使命感、民族命运的沉重感，就会深深地扣住我们每一个人的心弦。

同志们，今天的中国，在世界上已不是孤立的存在，我们和世界各国共同生活于一个星球之上，大气、海洋、森林、沙漠对不同制度的国家一视同仁，由于军备无休止的竞赛，能源无节制的开采，大气和海洋的严重污染，生态平衡的严重破坏，使我们的地球，这一叶在银河的孤舟，已是"漏船载酒泛中流"，全世界的危机感正笼罩着人类。

当今之世，一个绝对利己主义的人，将是国家的公害；而一个绝对利己主义的国家，将是世界的公害，每一个国家的当政者和人民，都对世界有无可推诿的责任，而对于中国，这种责任就更其重大，50年代，杜鲁门曾不承认有一个红色的中国，这已成了历史的笑料，载入了世界的《笑林广记》。

作为人类的成员，我们对世界已有了危机感，作为一个中国人，我们对中国、对中华民族也应该有危机感，由于地大物博，自以为有吃不完的家底；由于历史悠久、文化灿烂，万物皆备于我；由于闭关自守，关起门来做皇帝；由于历史的惰性；由于内忧外患；由于民性的消沉，使我们可爱的祖国曾经遍体鳞伤，疮痍满目。

中国的知识分子自古以来就有一种忧患意识的优良传统，他们一次又一次地发出警世危言，因为他们知道，一个没有危机感的民族，是一个缺乏自信心的民族，只有深刻地剖析自己的缺陷，才能寻找到重新前进的起点。一个真正优秀的知识分子，真正卓越的艺术家，必定是桑梓之地的崇拜者，对故国土地深沉、执著的眷恋，使他们产生忧思难忘的情怀，为着这片土地，屈原"虽九死其犹未悔"、谭嗣同"去留肝胆两昆仑"，鲁迅为它直面人生，闻一多为它洒尽鲜血。50年前的《义勇军进行曲》中"中华民族到了最危险的时候"这句话并未过时，我们的祖国离歌舞升平的太平盛世还十分遥远，党的十一届三中全会之后，党在新的历史时期的任务重点的转移，根本目的是为了克服民族危机，把一个贫穷、落后的中国建设成为一个繁荣富强的中国。因此，今天，清茶一杯，小菜三碟，使我们的人民代表和政协委员感到物质和精神上双重的欣慰，中国是一个钟鸣鼎食惯了的国家，我们今天应当提倡的不是暴食豪饮，而是卧薪尝胆。倒爷的富足，不能使我们看到民族的希望。我们整个民族还很清贫，离小康也还十分遥远。

在美国纽约，一位富可敌国的豪富，指着华尔街、百老汇、五十七街，问我观感如何？我内心一阵难言的隐痛，我不想指出那灯火辉煌的水晶世界之下的危机和丑恶，我只想快快赶回故国，赶回我祖祖辈辈为之歌、为之哭、为之生、为之死的土地，我深深感到紧迫，"日月忽其不淹兮，春与秋其代序"，我要趁着自己年华方壮、鹈鴂未鸣的岁月，为祖国的振兴，竭尽我的绵力。

在新的时代，知识分子仅有忧思之情是不够的，还必须有更加积极的参与、奉献意识，作为一个画家，我没有治国平天下的本领，然而属于我的是一腔热血、一杆秃笔，最近，我已完成为建造南开大学东方艺术大楼捐款300万元的工作，这笔款项对于中国的建设固然是沧海之一粟，微乎其微，但对于我个人，则实已罄其所有，我不惜拿出了自己多年珍藏的作品，对此，有人说范曾是百万富翁，我不禁哑然失笑，别以为我是挥金陌上郎，我依然是一介寒士，物质对于我实在如烟云过眼，不具有过大的诱惑力。有人说，范曾收名买节，我看，重视名节本来是知识分子的美德，而美德大体是收买不到的；然而，国家和人民理解我，有一位街头陌生的工人在汽车上讲："这次范曾可是来真格的啦。"这句评价，胜过给我一只大奖杯。

我经常扪心自问，对得起这个祖国和民族吗？当我们坐在辉煌的人民大会堂畅谈国是的时候，在云南前线猫耳洞中那些不到20岁的可爱战士正准备时刻为祖国捐躯，奉献他们宝贵的、还没有享受过人生欢乐的青春。1985年老山英雄报告团的战士们到南开大学作报告，当我将"青山不老，碧血长新"的大字送给英雄并与他们拥抱的时候，全场为之感动，在那时，我深感民魂不死，几千人共同跳动着一颗热烈的爱国之心。有一位连指导员从云南前线寄来一封信，说他非常喜爱我的作品，我很快托人给他捎去一幅画，此事在他所在部队的3万官兵中传遍，一位师政委给我带回一根铜手杖，那是由战士们用高射机枪的弹壳精心磨制而成的，也许他们以为我是位老画家吧，这一片拳拳的赤子之情，使我很多天心情无法平静，这根手杖至今悬挂在我的画室，教我清醒，催我有为，激我奋起，成了我灵魂的导师，愿天下父母之心，都深深地怀恋他们，这，才是民族的脊梁，民魂之所在。

什么是新时代的民魂？是失落感吗？是消极颓丧吗？是孤独寂寞吗？是自暴自弃、痛苦沉沦吗？是人生无常、及时行乐吗？我的朋友称这一切都是世纪末的感情。其实这些作为人类历史上精神上消极的尘垢，多次为中国的先贤先哲们所抛弃，鲁迅先生在他的名篇《孤独者》一文中描写的魏连殳由于政治与道德的沦丧，最后成为一个变态而丑陋的孤独者，他哀号，哭泣，宛如永夜中的狼嚎。我们决不要以腐朽为神奇，以为举起了什么"新潮"的旗帜，其实这朽烂的破旗正在时代的雄风中飘零为碎片。

民魂何在？是在孔子的"礼"吗？是在老子的"道"吗？是在释迦牟尼的"悟"吗？在这其中寻找真谛的，代有其人，也的确有不少积极的内容，早已化入我们民族心灵的底层，成为精神宝库中的瑰宝。然而，任何一种哲学、一种精神、一种魂魄，不经过时代的再造，就会失去它们的生

鲁迅先生造像

命,因为新的时代在我们面前提出的课题是史所未见的崭新课题。我们无法直接找到现成的答案,我们全民族都面临着深刻的思考和选择,而且,我们终能用最精粹的语言概括出我们希求再造的民魂是什么?鲁迅先生曾力图唤醒民魂,他曾说:"中国自古以来就有埋头苦干的人、拼命硬干的人、舍身求法的人、为民请命的人,这就是中国的脊梁。"新的时代必须用新的现代意识来武装我们全民族,譬如,我们应该在探求真理之中提倡思辨和怀疑,反对盲从和迷信;譬如我们应用竞争的观念取代中庸的观念,在全社会的心态上应该歌颂强者、激励弱者、鞭笞怠惰者;譬如我们应当提倡对真理的忠诚,唯真理是从;譬如我们应树立官为民仆、民为国主的思想,提倡和实现全民的、普遍的、深入生活一切领域的法制观念,提倡彻底的爱国主义精神和无私的奉献意识;在人际关系上应提倡以爱取代恨,允许不同的世界观、信仰、思维方式、行动方式的并行不悖,以不逾越法律之雷池为准则。我们知道,要实现以上的每一条,都将费尽移山心力,足见民魂的再造和造山运动一样的艰难,唯其艰难,我们才必须努力去做。

同志们,今天每一个炎黄子孙,都应力图使自己成为一个理想主义者,缺乏浪漫主义气质、利己实用的民族,是衰败凋谢、可悲的民族,我对中华民族的崛起充满信心,诸位在座的委员们,你们自身辉煌的业绩,给了我坚定的信心和无穷的力量,中华大地,对我们是一片崇高的圣址,这儿埋藏着中国人祖祖辈辈的欢乐和悲哀,也埋藏着我们少小时所心爱的一切,青年时的追求与梦想,忘掉这一切,还有什么存在的价值?

新时代的历史需要大家亲手去缔造,政治的透明度使每一个中国人有了参政议政的主体意识,"民可使由之,不可使知之"的时代已一去不复返了,人民代表大会上的弃权票、反对票竟有历史上未见的破纪录的69票,"风乍起,吹皱一池春水",这正是人民的代表们对自身价值的进一步认识,我坚信一个由人民信赖、理解、监督的政权机构,将使中国在东方的大地上真正屹立,毫无愧色地自立于世界民族之林。

那起于青萍之末的雄风,浩浩荡荡地刮吧,让十亿人共同写一篇惊风雨、泣鬼神、动天地、震人寰的"雄风赋"。

奉献一颗真诚的心
——在东方艺术大楼奠基典礼上的致辞

东方艺术大楼经过了前后近三年的筹备，终于在今天，这个可纪念的日子破土动工了。两年前，我曾在一次演讲大会上说，我憧憬着那一天的到来，当我挖起动工的第一锹土的时候，我将亲吻我亲爱的母校——南开大学的土地。今天，当日的梦境已化为了现实，我相信，这座大楼本身所富有的理想主义色彩，形象地告诉人们，这是综合性大学教育体制改革报春枝头的一朵鹅黄的迎春花，它给南开园带来了盎然的春的消息，虽然马蹄湖已是荷花香消、翠叶已残，然而我相信诸位的心头，现在是一片和煦温暖的春阳。

我尊敬的朋友、诗人叶嘉莹教授曾有诗句讲："书生报国成何计，难忘诗骚屈杜魂。"我深知以我一个人微薄的力量，所能回报的祖国对我的恩情，实在是微不足道的奉献，然而作为祖国——大地——母亲的崇拜者，我却奉献上一颗真诚的、无限爱恋的赤子心。

中华民族以她伟大辉煌的历史，曾哺育了一代代志士仁人，靠着一批民族的脊梁、一批硬骨头支撑着中华的天和地。请不要诅咒我的祖国和民族，它的伟大的向心力表现为杜甫的"戎马关山北，凭轩涕泗流"；表现为屈原的"亦余心之所善兮，虽九死其犹未悔"；表现为"用我们的血肉，筑起我们新的长城"。国破山河在，只要这里是提供我们衣食之源的土地，这里是给了我们灵魂、智慧、理想、品德的祖国，这里便有她的儿子为她奔走，为她呐喊，为她的危亡忧虑，为她的振兴祈祷，为她奉献鲜血和生命,无论有多少艰难苦恨等待着我们,祖国的召唤便是无上的命令,共赴国难便是我们的无代价的誓词。中国的知识分子是最能淡泊以明志、受命于危难的,什么体脑倒挂,什么经费短缺,都无碍他们对故国的一片深情、一片痴情。南开大学教授们操守着廉洁清贫的生涯,已在这块土地上春稼秋穑了70年,我永远敬仰和崇拜这批皓首穷经的民族精英,我永远保持着从17岁进南开大学时少年的、童贞的、对你们的尊重和爱戴。

鲁迅先生曾讲:"惟有民魂是值得宝贵的,惟有他发扬起来,中国才有真进步。"

我希望南开大学的校训"允公允能,日新月异"在新时代继续成为全体教职员工和学生们恪守的信条,我希望在南开园看到的是勇猛精进的一代民族脊梁的成长,看到的是无私彻底的奉献精神。

亲爱的朋友们,在人生的道路上,我曾历尽贫寒,从一天三角钱的生活费到今天我捐献350万,我以为自己内心保持了一块神圣的净土,这儿只有"祖国"两个字。几十年风雨兼程,我曾忍受过很多悲痛和哀伤,然而我知道,昔日飘零的眼泪,那是已为陈迹的一己情怀,我要拥抱的是整个民族、整个国家和整个历史,这是每一个炎黄子孙心头的无价之宝。为了祖国,我们淡于对物质的追求,"忽驰骛以追逐兮,非余心之所急",在上下交相争利的纷纷扬扬的风云中,立定精神。一个人,一个民族,一个国家总是"生于忧患,死于安乐",一个能忧患的人,就有理想的光照;一个能忧患的民族,就有光明的前景。如果从历史的长河来观照当今之世,那么,一百多年屈辱的近代史,陷中华于哀兵之地,而"哀兵必胜"是物极必反的历史逻辑,我们距莺歌燕舞的太平盛世还十分遥远。我们目前的处境依然可危可惧,我们还担心着被开除球籍,我们还不是合格的世界公民,我们还处于沉沦中崛起的艰难过程之中,我们必须牢牢地把握住20世纪的最后十年和21世纪的最初几十年。我们可能成功,那么,我们骄傲的母亲将会厕身于最优秀的世界民族之林,我们将用中华民族伟大的哲学、科学、文学和艺术,去领导世界的潮流;我们也可能败亡,如果我们鼠目寸光,急功近利,寡廉鲜耻,悲莫大于心

死,那么我们就只能继续诅咒自己的丑陋和落后!

亲爱的朋友们,我们希望祖国的腾飞,凭借着自身的垂天之翅,"大鹏一日同风起,扶摇直上九万里"。在遥远的上古,哲人庄子便想象着化为神奇的鲲鹏,这理想已不会太遥远了,这占人类四分之一的伟大的民族的真正崛起,就在今天,就在明天。我们曾失去充满了血与火的、血腥的资本主义原始积累的机会,我们不会失去与世界各国爱好和平的人民共同奋斗,建设一个如花似锦的星球的机会。天下人曾有负于我们这个古老的民族,而我们却将有大奉献于整个人类,在数十百年以后,公正的历史学家在人类所有民族的评价审视中,将怀着感激之情歌颂伟大的中华。

朋友们,东方艺术大楼动工的隆隆机声已经近了,已经听到了。我希望在中国大地上建起广厦崇楼的同时,我们共同建造精神的崇楼。我尊敬的陈省身先生今天捐献这一笔钱,我将作为奠定东方艺术大楼精神的基石,永远深埋于南开的土地,深埋于南开人的心底。我要感谢尊敬的冈崎嘉平太先生对东方艺术大楼的关怀。我还应感谢海外港澳有识之士,如尊敬的邵逸夫先生,永明公司将给予的热心赞助。感谢天津第四建筑公司和天津建设装饰公司派遣精兵良将投入施工。在此,我谨向身经百战的工程师、工人弟兄们致以崇高的敬意。感谢北京建筑设计院建筑师们积年累月的辛劳,设计院领导决定不取设计费的无私慷慨的赞助。

天津市政府对工程的支持和关怀,李瑞环同志几次热情的批示,给我们带来了信心和鼓舞,没有以上各方面的支持,我们不可能顺利地实现建成大楼的理想。

亲爱的朋友们,当明年菊花盛开、桂枝吐香的时节,我欢迎你们来东方艺术大楼做客,让我们在大楼前的圆形大院举杯,祝年轻的共和国40周岁,祝南开大学校庆70年,为了这一切,我愿与诸君真正的一醉方休。

谢谢诸位!

我憧憬人生的清晨

亲爱的同学们：

一想起岁月、年龄，我就无限地羡慕你们，而我每回忆起自己的中学时代，似乎就是昨天。然而，时光匆匆，决不饶人，今天我揽镜自顾，看到霜鬓初染，内心不由得飘过一丝秋风——有些惆怅，有些叹惋。有人劝我："在学术上和艺术上，您正如日方中。"但是，我永远憧憬人生的清晨，朝露未晞，曙色曦微，一出人生喜剧的迷人的序幕，最令人心驰神往。

于是，我想到一些应该对你们讲的话。鲁迅先生十分珍惜生命的每分每秒，他曾将屈原《离骚》的句子集为一副楹联："望崦嵫而勿迫；恐鹈鴂之先鸣。"第一句是希望太阳神羲和驾的车慢慢走，不要迫近崦嵫山，因为太阳落山之后，黄昏和夜色就会来临。第二句是害怕鹈鴂鸟叫之后，百花芜秽，万物凋零。我想，古往今来一切成就大事业、有大学问的人，绝没有一个懒汉，而懒汉，除去由于惰怠、疲沓、肌肉必定松弛而外，他们的思维也一定涣散。在科学和艺术上，没有成功的终南捷径。而且成功也决不仅仅靠天才。一个人的智商是可变的，一把钝刀可以经过磨砺变得锋利，而一把快刀也可能在风蚀中锈坏，变成废铁。一个终生保持勤奋的人，会相应地有很多美德，诸如刻苦、俭朴、求实、积极等等；而一个饱食终日、无所用心的人，也同样相应地有很多毛病，诸如

野趣

消极、颓废、虚荣、贪馋等等。艰苦的劳动是无言的导师，在它面前，巧取豪夺、利令智昏、骄奢淫逸……都会显其丑陋，令人唾弃。一个勤奋的人，他的思维容易凝聚于一个光辉的目标，便于自己矢志不移地去追逐一个崇高的理想境界，这样，在生活的道路上，他总能删繁就简，不为庸俗的追求所系。

同时，我要告诉你们，智慧和灵感同样来源于劳动，守株待兔的懒汉，他一生可能极偶然地得到一只死兔（不是生机勃勃的活兔），灵感决不会光顾守株待兔的人。智慧和灵感是活泼的、跳跃的精灵，它来无影，去无踪，是精神境界的不明飞行物，闪动着光焰的UFO，然而，它也决不神秘。青少年时代正处在灵感随时会迸发的岁月，但是，倘使你躺在沙发上，弹着六弦琴打发岁月，那么，你的心灵永远是灰蒙蒙的、闭塞的，你在这似锦年华本该有的一点才华、智慧、灵感也会渐渐萎谢和失落，无力而衰败的灵魂最容易沉睡，不再苏醒。

你们不是希望自己成为一个卓越的人物吗？这样的机会，对每个人都一律平等，尽管每个人所可能遇到的困难不同，但只要是攀登着的人，必会有所坎坷。人生的搏击，不是草原上的牧歌，不是顺风中的轻帆，你等着吧，够你花一生的精力去奋斗，在艰难苦恨中寻觅人生的乐趣，深悟人生的真谛。

我为你们写这篇短文的时候，是清晨五点钟，这样早起的习惯我已延续三十年，亲爱的同学们，你们如果能够持之以恒地勤奋生活和战斗，那么，胜利一定属于你们。

一九八七年九月二十八日晨六时

大树银花,四海疑是勇赴擅场。忆爱琴长浪,霞光映烨,奥林匹岳,神霭相望。身手非凡,心灵雨穆,动静之间绽露芳。叹奇绝,此峰峦巍负,玉共炎黄。

神州威化上苍。一百载,狂侍梦想忘。有匹夫可仰,大洋孤洎,弱郁堪働,壮志难彰。地覆天翻,忆民振奋无尽,云涛湧八方。鸟巢起,看搏风白鸽,碧落翱翔。

调寄沁园春

二〇〇八年八月廿八日奥运聚光於北京点燃夜不能寐披衣作之志欣

范曾

沁园春

岁月如歌
——北京电视台采访录

这是一个彻夜无眠之夜，是30年来从未有过的兴奋而激越的、永足志怀的夜晚——第29届奥运圣火在北京点燃，披衣而起，我写下了一首词《沁园春·咏奥运圣火在北京点燃》：

火树银花，四海骁儿，勇赴擅场。忆爱琴长浪，霞光映烨；奥林匹岳，神蔼相望。身手非凡，心灵肃穆，动静之间绽众芳。叹奇绝，此峥嵘抱负，正共炎黄。

神州感化上苍。一百载，能将梦想忘。有匹夫可仰，大洋孤泊，弱邦堪恸，壮志难彰。地覆天翻，亿民振奋，无尽云涛涌八方。鸟巢起，看抟风白鸽，碧落翱翔。

最早的奥林匹克运动会，举办时间相当于中国西周晚期，大概在公元前8世纪之末。奥运的精神是团结、公正、和谐。优胜者被拥戴为民族的英雄，音乐家为他们送上歌唱，雕刻家为他们琢为雕刻，《掷铁饼者》或《掷标枪者》，都实有其人。那是一个神性和人性共在的时代，公正博大的阿波罗神庇护着他们，而爱琴海的浪花正映眸着这美奂的人寰。

激烈的竞争和运动，包含着古代希腊哲学的静穆。你看那雕刻的人像无不是充满着对静穆神性的向往。而这种动与静的统一，正与中国上古之世的哲理邂逅。

这首词谈到中国百年梦境的痛苦艰难历程，那在大洋孤泊的唯一的勇士，他的背后是一个疮痍满目、备受欺凌的祖国。难道他的在天之灵不会为今天中国的伟大辉煌一挥感极而悲而喜的热泪？

看白鸽从鸟巢起飞，苍穹湛蓝，一个令中国人民自豪的世纪已经来临！

中国的知识分子热切地希望中国强大，能厕身于世界民族之林，希望我们的母亲不再衣衫褴褛，西学东渐是他们普遍的心愿。知识分子们孜孜矻矻于翻译工作，拼命地阅读一切外来的知识，他们的梦境是中国的强大！一个孱弱的民族无权在地球上生存。鲁迅和瞿秋白甚至号召中国必须有斯巴达精神，指望着一个强其骨、坚其志、风其神的民族屹然而起。我可以毫不夸张地讲，中国知识分子对西方的了解，远远胜于西方知识分子对中国的了解。然则，当世界的战略地位已然改变的世纪——17世纪之后，当西方的冷兵器彻底转换为热兵器之后，西方于兵器之秘藏者，其东渐可乎？直到今天，西方依其深藏武器之秘籍，决不会把新武器交到任何人之手。

哲学和文学的翻译，并不能使中国人对付船坚炮利的西人，而中国人在思维上的确曾有过轻视械事、鄙夷机心的误区，以为那只是一种违背天然本真之性的淫巧。

当然，中国曾经强大过，但是中国人自古以来热爱和平，从来没有发生过一次真正意义的侵略战争。17世纪中明初的郑和下西洋，完全是友好和平之旅。那是当时世界上最伟大的船队，倘若当时的荷兰船队遇到它，也是小巫见大巫。然而中国人带给西亚和非洲的是丝织品和瓷器——莹润而柔和是丝绸的特性。中国人仅止要一些淡水上船以为饮料，各国人民所奉上的也是纯净而明澈的清水，那是古代的美妙的交往，很为今天人们的以牙还牙而汗颜。

西方浅陋无知的学人甚嚣尘上地诟骂所谓的"黄祸论"，他们说成吉思汗曾征服过他们。然而，那时的蒙古汗国不是中国，中国与西方一样，也受到蒙古汗国的侵略。至于蒙古人在中国建立了统一的王朝，当成吉思汗之孙忽必烈建元,并追认他伟大的祖父为元太祖的时候,成吉思汗已故去26年。我们亦可以西方人比列此事,当英国人通过东印度公司向中国无耻地偷销鸦片烟的时候,当英法联军1860年寡廉鲜耻地火烧"万园之园"——圆明园——的时候,西欧之"白",不是北欧之"白",在中国,渊博而明事理的学者们知道,这"白祸",并不包括今天的东欧和北欧。

中国最早在南宋时发明了火药,到元朝人手中,就运用到战争上,发明了火铳,这是当时世界上最先进的兵器,宛如我们今天之巡航弹道导弹,西方人望风而披靡。然而善于机事、极富机心的西方人从阿拉伯世界学得火药之后,经过二百年的努力,便更换了所有的兵器。当西方人刀枪入库、马放南山的时节来临之后,他们的贪欲之心随之膨胀。近世人类无论是热战和冷战,其策源地永远在西不在东,这是不需仔细证明的。

然而中国人为奴隶、为牛马的时代早该结束了,他们若误以为今天的中国人依旧是可以任人宰割的,这就大错特错了。改革开放30年的进步,首先是证明了中国人在正确的政治体制上有着无穷尽的创造力和极伟大的自信力。30年弹指一挥,我们走过了西方几百年的道路,中国兀然成为一个当然的、不可否认的巨大存在。改革开放30年,给了中国人民理性的自由、契约的自由和心灵情态的自由。

科学发展观是理性自由的胜果,中国文化从一个不太重视逻辑推演的时代走向全面的科学发展,的确是费尽移山心力。邓稼先、周光召等先驱制造出原子弹,那是人间的神话。而今天中国由于30年来的长足进步,竟然成为了世界航天大国,从杨利伟离开地心引力的那一秒起,中国已然是一个不可被任何恶势力左右的存在。

无知的英国伦敦市长某,讲中国文化对人类没有贡献,这使我想起医学上一个十分高雅的学术名词,称婴儿大便时有"肛门快感",闭起你的臭嘴!东印度公司的鸦片文化就是你祖父的祖父带给中国的文化。

改革开放30年,思想上的解放和心灵上的自由是每个有良知的知识分子深切感受到的。这促使中国知识分子能够更竭尽全力,为缔造一个真正的和谐世界作出自己应有的贡献。我昨天收到很多高级知识分子来电,和我谈论奥运会,我们都同样地感动得要流眼泪。道光以后,中国知识分子的爱国之心遇到的是不能施展的无奈,而今天奥运圣火在北京点燃,这给所有的知识界是个多大的安慰、鼓励和鞭策。昨天的张艺谋的整体设计我是颇为欣赏的,因为他用中国的一个画卷,来展现我们民族的历史。实际上,人类的历史何尝不是各自的画卷?我们可以把这个画卷推向两千年、三千年、五千年,西方国家有吗?西方国家是有古希腊文明,有埃及的文明,东方还有印度文明,可是他们的弱点就是有很多历史断层,几百年一片空白,中国却不是这样。

中华民族是个非常爱惜自己过去的民族,爱惜自己的过去,它就有现在,就有未来。这点我们要争气。现在像李学勤这些卓越的学者,他们和考古学家、古文字学家进一步再把中国的文明,确切纪年从公元前841年往前推,而且他们已经非常有效地取得了成果。由此可见,中国知识分子对民族和历史是多么的热爱,这是一种切肤之爱,内心的、不借任何外力的、由衷的这种爱!张艺谋通过这样长的画卷来展现民族的文明、文化,我想是非常有意味的。尤其最初击缶的时候,设计非常之妙,全世界的首脑、运动员和观众都被引向一个中国古老的声音。这个声音那么的沉稳、那么的深重、那样的丰厚!冯骥才兄给张艺谋的设计打100分,我同意。

谈到我个人的艺术,有人说范曾你画的是古人,不是表现的时代,我认为提得有些幼稚。艺术要唤起的是心灵的感动。这种心灵的感动或是豪放的,或是细腻的,或是诗意的,或是历史感的,等等,对人们心灵的塑造都有所裨益。

这次我应奥运会美术大会邀请,画一张大画,这张大画要作为整个展会最大的一幅作品,我画的是春秋时候一个棋圣弈秋正和一个小童子下棋,这个你们后天就会在美术大会上看到。其实是画的2500年前的事情,可是它却和奥运会能这样密切地相连,为什么?因为它表现了我们心灵的自由,如果我心里没有这个,或者我的知识层面根本不知道怎么回事，我怎么会画出一个弈秋？这个年代和第一次在奥林匹克运动会用非常精密的数学计算出来的，是不可思议的准确，是恰到好处。大自然的一切都恰到好处，在自然面前，我们人类是不可以狂妄自大的。人类科技现在的发展前景还是不可估计的，比如说人类的举办的时间相差不多，但这是东方的文明，东方体育自古以来和文化是联系在一起的，就宛如奥林匹克运动和音乐、雕刻联系在一起一样。为什么奥林匹克运动会期间要举办奥林匹克美术大展？我想它的意义是把文化和体育高度地结合起来，产生一个美轮美奂的境界。

经济和文化的发展，并非永远并驾齐驱，也可能背道而驰。第二次世界大战以后，西方后现代思潮空前张扬，70年代之后冲破了长城来到中国。后现代最根本的毛病是什么？就是失序。要知道，从宇宙本体到我们人的思维，到我们艺术作品，一定是遵循着一个大的秩序。要违背这个秩序，他们首先要提出理论的基础，法国德里达提出解构，还有像利奥塔这些人提出我们需要的是艺术，我们可以放弃美，把美和艺术对比起来，这真是匪夷所思！然而有些年轻人很容易受这些西方思潮的影响，认为这就是前卫，这就是新潮。

我们不能认为这种东西就是我们时代的艺术前进了。上个月在联合国教科文组织举办的多元文化研讨会大会上，我向全世界发表了一篇文章，这篇文章在中央党校的报纸《学习时报》也头版头条发表出来了——《趋近自然》。人类要向自然学习的东西太多了，我们在自然面前唯一的选择就是敬畏。20世纪人们公认的最智慧的人是爱因斯坦，他提出广义相对论，将宇宙的大尺度也大大地扩大。这是人类视野的扩大。可是爱因斯坦还谦虚地讲"对宇宙最微末的部分，我们仅仅是追随而已"。

对自然存敬畏之心，对客观事物你就有一个真正的呵护秩序的判断。而在这种真正呵护秩序的判断以后，加上你的技巧，就有心灵自由释放的可能。否则，仅仅是肢体利用特异材质而创作出一幅作品来。我不认为这些后现代作品是30年来历史的成果。

从大的方面来讲，祖国最重要的是它的历史和文明、它的文化和它的形而上学、它在人类发展几千年历史中的贡献。祖国大地山河那当然

弈秋课徒图

是它的物质的存在，黄宾虹讲中华大地无山不美、无水不秀，我作为画家同样有这样的感受。祖国，是崇高的信念、伟岸的圣址。在西方，我是作为一个骄傲的中国人而存在。我是一个独立思考的自尊、自爱、自信的中国人，所以西方人对我的尊重也是很自然的。我期盼着中华的文化能够在新的时代得到更多的张扬，对人类产生影响。过去西方人的偏见，尤其是19世纪达尔文的《物种起源》发表以后，同样是英国人的斯宾塞提出了一个社会文化的进化论，它的根本目的我想是为后殖民主义服务的。

当前世界经济一体化是大势所趋，谁也不能遏制这个潮流，因为这里有大自然的无言之教，比如说空气、环保、资源，都是世界所共有的，人类如果不走上经济的一体化，其前景未可设想。可是我们要强调文化的多元化，文化的多元化和经济的一体化应该并行不悖，而中华民族的文化在世界文化上是一个非常重要的存在。我在联合国大会讲演中强调的也是中华民族自古以来所推崇的天人合一的思想。天人合一的思想是什么？大自然提供给我们一个范本，这个范本正如狄拉克讲，它是用非常精密的数学计算出来的，是不可思议的准确，是恰到好处。大自然的一切都恰到好处，在自然面前，我们人类是不可以狂妄自大的。人类科技现在的发展前景还是不可估计的，比如说人类的生产力经过三个大的时期，先是蒸汽机，然后是电，然后是信息。到了信息时代，信息很快地就覆盖了全球，而且我在讨论多元化时谈到信息化不是多元化的福音，因为你们从手机上、从电脑上任何时候都可以看到强势文化是怎样地笼罩全球。我们的使命是证明：电脑永远是人类大脑的仆人或奴隶，而不让它成为人类的主宰和暴君。

电脑我一概不用，因为我觉得看书大体上差不多，你上电脑再看，也许你查一些书籍还没有我查得快。我在书上做注，为的是温故而知新，但你不可能在电脑上做。所以随着人类文化的信息化时代的来临，我们对中国传统文化的守护更迫在眉睫。我是以传统文化守护者的身份来要求自己，我觉得我有这个决心，有这个信心，也有这个能力。我所要做的事情，也是30年来我思考得最多而今天可能实现的事情，就是儒学对世界的影响。

中国的孔子学院像雨后春笋在世界各地蓬勃发展，这是一个非常好的现象。儒学、佛学、道学是中国的三大文化支柱，其中儒学是入世的，最能够修身、齐家、治国平天下，改变现实，还要靠儒学，因此我也趁电视录播节目的机会，向国学界的一些学者们提出一个希望，能不能共同做一件事情，我希望编一些小学、中学和大学的儒学课本，这对我们整个民族文化的传承有巨大的意义。一个社会风气的改变，一个国家民族素质的提高，需要以儒家的修身、齐家、治国平天下的思想构建巨大的社会工程。这能使他们了解中国文化，承担世界的未来，具有深远的意义。

任何一个科学家都有好奇心，任何一个搞形而上学的人都充满着梦想，科学家的好奇心一定要通过实验，而我们的梦想则要通过我们的感悟，我们的著作就是我们思想的载体。电脑时代来临以后，年轻人不太爱看书了，我觉得非常遗憾。我曾经对我的儿子说，你们可以先看我的书，这是通向中国文化的一个方便法门。什么叫方便法门？就是读了这些书以后，你会知道从哪处下手，哪些地方是我们应该特别关注的。你知道了这个方便法门以后，再追求学术上面的微妙法门。佛家不是讲嘛，你要信佛，你只要会念四个字"阿弥陀佛"，你就入了佛门了。可是这仅仅是一个方便法门，佛教的很多经典，那是微妙法门，还要慢慢修持。需要大知识分子来做这个小事，这个事情看来小，可是它的影响之大是无可计量的，这就是我在改革开放30年以后，现在最重要的一个想法。

中央电视台出了一个电影，称我是提倡"回归古典，回归自然"的时代英雄，它加了"时代"二字，就讲这个英雄是时代所需要，为时代服务的。我对"英雄"二字的解释就是，想别人所未想，做别人所未做，在某个领域达到前所未有的巨大成果。既这样称我，我就听孔子的罢——"当仁不让"。

一个人的成就我可用三个字来概括。第一是"智"。《礼记·中庸》上讲"好学近乎智"，只要你好学，你就会有智。这个"智"在古代和"知识"的"知"是通用的，"智"就是"知"，你只要好学就有智，一个人如果不好学，便很难成功。第二需要"慧"，这是讲你有没有充足的理解力，你心灵深处有没有对这些知识的领会的慧根。慧根有的是与生俱来的，比如说莫扎特，他少年时就成为交响乐的作者，35岁死了，成为人类不朽的伟大音乐家。有的人慧根埋得非常深，慢慢发掘，比如齐白石，如果60多岁死了，一定默默无闻。又比如画界的黄宾虹，如果他70岁死了，关于他的文章一篇都不会有。他们的慧根发现得比较晚。所以有了"智"，对"慧"的来临需要自己慢慢追求。最后一个字最重要，是成为一个大师的必备条件，这就是"灵"。有了"智"，有了"慧"，那么这个不期而至的"灵"会把你推向一个大师的位置。

弗莱明发现了青霉素，这是人类最重要的一个发现，对救死扶伤起到巨大的作用，所以他成为诺贝尔奖得主。这是偶得，可这个偶得不会降临于一个没有智没有慧的人。有一次人家问陈省身，你认为成为一个大师需要什么样的条件？回答：一半靠天才，一半靠机遇。人家问他"努力"呢？他说，努力会使一个人成功，可是能否成为大师还不一定。同样也有一个记者问陈省身："大师是怎么出来的？"我在旁边说，"冒出来的。"陈省身讲："范曾说得对，冒出来的。"不要认为范曾在这里故弄玄虚。只是，大师之出不可以限制年月，不可以定计划，不可以定点培养出一个天才来，这不可能，这是需要一个长期的"智"和"慧"的积累，还要等待不期而至的灵，这才能产生一个大师，所以讲大师更不是眼下社会上普通自封的一种存在，这是一文不值的，至少对文化一点用处都没有。

爱情观、亲情观因人而异，我不可以笼统地讲一个普遍适用的规律。中国人对爱情的看法和西方还不一样，我自己认为中国人对爱情的看法有优秀的可以继承的一面，也有糟粕的一面，比如一个女人必须从一而终，死后立一个贞节牌坊。人类对爱情的正确看法也会影响中国，比如讲有双向选择的自由，男的可以选择女的，女的也可以选择男的，就是双向的选择。其实"爱情"二字是最难划一其规律的，有多少人就有多少类型的爱情，有多少人就有多少人的爱法，不能一概而论。可是，我想，一个人真正的爱情就是，一辈子你要挑出一个人来。这是我的爱情观。我今年70岁了，你很难说我范曾一辈子就从一而终，或者

送陈省身先生辞津赴美口占

芙蕖竞放马蹄註株，斗室灯明自啸吟。海外常悬家国业，南开共系故园心。君耽翰墨知清浊，我苦山弦畏浅深。相约名山寻胜迹，鸥盟直欲认知音。

註：南开大学校园内有湖，状似马蹄，因以为骥马，湖边草木丛生，芙蕖茂然。

送陈省身先生辞津赴美口占

是一辈子只爱过一个人，这对自己的女朋友讲谎言的时候可能会如此，可是这不是我范曾应该做的。我的看法还是一个形而上的看法：这个人她能够使你永世难忘，感到她是你生命的一部分，刻骨铭心，可以托付死生。这个仅仅是范曾的爱情观，对其他人的爱情，我很难做一个统一的判断。

中国改革开放30年，它的核心价值就是中华民族心灵的自由释放，中华民族长期蕴藏着的无限的创造力的空前发扬，这个时代提供给中华民族每一个成员体现生命价值的权利，这就是人权。从这次汶川地震，你就可以看出中国是一个非常重视人权的国家。我和一个国家大使谈话时，他说中国这次汶川地震政府投入这么多，要解决大概1600万人的生计，全世界没有一个国家能做到。什么叫人权？西方一些媒体记者问我。我告诉他们，人权是人之为人的生命的基本权利，他要吃，他要住，他要活。汶川地震的救灾工作充分表现了中国是高度重视人权的国家，而不是像某些西方媒体，把我们国家发生的一些动乱分子的破坏说成是应当维护人权。这真是颠倒黑白。

我们可以到民族文化宫看一看，最近正在举行一个西藏展览，那里有用奴隶的人皮做的灯罩，有108个头盖骨做的念珠，难道你们认为这样的制度带给人们人权了吗？说不通的，从本质上是错误的。西方很多的媒体本来就有先入之见，中国有什么好事都往坏里说。我们中国不会畏惧谣诼。有些国家的元首自作多情，一会说来，一会说不来，好像多了不起似的，中国态度是：来，欢迎；不来，不感到遗憾。这就是中华民族的大气派。你看，全世界这么多国家的元首来，这在世界奥运史上是第一次，从来没有过。这证明什么？证明了中国领导人在汶川地震、在SARS病毒、在种种事件面前表现出来的亲民爱民思想的巨大世界影响。这难道不是30年来的伟大成果嘛？我们不要看某些经济指数的升降，跌了它会升，升了它会降，这是经济的规律，不用担心，任何国家都会发生的。我们所要看到的是这个民族整体的前进，它的光辉未来，它对中华民族整体的历史的意义。这个30年作出的卓越贡献是无可代替的。

"露从今夜白，月是故乡明。"小时候看的月亮、我谈爱情时看的月亮和我今天在古稀之龄所看的月亮是不一样的。小时候看的月亮是最难忘的月亮，它笼罩着一切。我的家虽然是一座很普通的平房，但我的家族在这个平房里住过450年，出过13代诗人。这小屋成为中国文化的瑰宝。我们现在正在申请世界非物质文化遗产。这是以瓜瓞绵延的家族为特征的一个大的诗文世家，这是一个了不起的存在，全世界少有，中国所独见。我把它和童年的月亮联系起来，你可以看出我对故乡有多深的情。南通范氏诗文世家不同于一般的家族，它在中国文学史上的地位是公认的。近代的诗学大师钱仲联先生说，南通范氏诗文高居中国昆仑之巅。我的乡愁不是一般的，我的乡思也不是一般的，因为它联系着中华民族整体的文化。

为什么最近出版我和曾祖父《范伯子范曾诗文合集》？因为我的曾祖父在清朝是中国文坛的领袖。人们只知道李白、杜甫，清代诗人就不知道了。我现在名气好像比曾祖父还大，其实我的诗文比曾祖父差得很远。我的目的是扩大范伯子诗文的影响。除此之外，我还要和其他学者合编清代诗坛十大家，因为范伯子毫无疑问是晚清的代表人物。这不是我个人讲，文学史上都是这样评价的。现在谈到乡思，最能安慰我的乡思的，就是"南通范氏诗文世家陈列馆"已经在南通建成，就在南通博物馆里面，这是存放我们13代诗人文稿的一个地方。同时，法国最大的图书馆也收集了我们全家的诗，而且还有若干诗稿。这些诗稿他们非常尊重，他们说我们要把它放在雨果、歌德这些人的作品系列里。他们带我去看他们的珍藏手稿，他们拿雨果的《悲惨世界》原稿给我看，我看了，又是一份感动。因为《悲惨世界》我太熟了。我故乡带给我的是无穷的生命和力量，这个生命和力量鼓动着我，走上一个非常壮丽的人生。

我觉得你们的工作非常有意义，找准对象，找准问题，有的人善写不善说，有的人善说不善写，有的人是既不善说也不善写，在他的行当还行。你找到王蒙、冯骥才这些人是对的，他们能给你谈很多。

"岁月如歌"这个名词起得非常之好，因为人生快乐的事情还是比悲惨的事情要多，人类可笑的事情还是比可悲的事情多，所以我们要歌唱，我们要歌唱过去，要歌唱今天，更要歌唱未来。

莽神州赋

云浮千秋，江山万古，是一片心颅的圣址和净土。有共工来破，有女娲来补，有历代志士仁之荡磨涤垢，驱陈除腐。哺我育我，降我雨露，能我有魂魄来泰。她是主我养我、爱我抚我的慈母。

导水有天乔的锄，劈山有五丁的斧。论天地有邪妙之门的太极图，撑天地有傲骨铮铮的大丈夫。道既存，德不孤，漫道古人风物殊。问北国的严霜诰雪，问江南的绿草平芜，问半周海日，问晓霞暮霭，问芯年春妇，问睿曾顾鲁，问列宗列祖。五千年文明是梁是柱。天无语，地无语，但祇见桃花尽日随流水。但祇见寒雨连江夜入吴。永恒的逝水如斯，永恒的苍茫沉浮。君不见五千年轮番的寒暑，五千年不尽的业枝，五千年的玉帛璧，五千年的干戈弩。城丰天下的圣贤，再治家国的良圈。深祷如国泰民富，深祷如天朗地妩。

我们的漫漫征途，深祷如导之泉注。青几番击鼓鸣馆长歌，风掠云舒。骨几番灌浪飞舟，天低吴楚。这是一首浩茫悲怆的歌，一首恢宏此氓的赋。一首千亿朵莲花簇拥着奉献给莽神州的歌赋一首灵魂深雾雳回旋的神州赋。

　　　　　—奥北冲卿·范曾于北京

莽神州赋

莽神州赋
——《范曾·宋雨桂·冯大中香港联展》序

云浮千秋,江山万古,是一片心头的圣址和净土。有共工来破,有女娲来补,有历代志士仁人荡尘涤垢,驱陈除腐。哺我有天降的雨露,饱我有垅亩的禾黍,她是生我养我爱我抚我的慈母。

导水有大禹的锄,劈山有五丁的斧,论天地有众妙之门的太极图,撑天地有傲骨铮铮的大丈夫。道既存,德不孤,漫道古今风物殊。问北国的严霜皓雪,问江南的绿草平芜,问半壁海日,问晓霞暮雾,问戍卒嫠妇,问睿智顽鲁,问列宗列祖,五千年文明是乐是苦?天无语,地无语,但只见桃花尽日随流水,但只见寒雨连江夜入吴,永恒的逝水如斯,永恒的苍茫沉浮。君不见五千年轮番的寒暑,五千年不尽的荣枯,五千年的玉帛变鼙鼓。找平天下的圣贤,找治家国的良图,无李白的如弦大道,有屈原的漫漫征途,深祷她国泰民富,深祷她天朗地。

我们的笔顿之山安,导之泉注,曾几番击节长歌,风卷云舒;曾几番濯浪飞舟,天低吴楚。这是一首浩茫悲怆的歌,是一首恢弘壮丽的赋,一首十亿朵莲花簇拥着,奉献给莽神州的歌赋,一首灵魂深处回旋的神州赋。

炎黄赋

莽莽天宇，八万里云骇飙作；恢恢地轮，五千年治乱兴亡。邛崃脊脉，遥逸连昆冈；河洛清波，浩荡奔注海澨。涉彼兴荒，文明肇创。万代千秋蒙庥，厥功在我炎黄。羲皇氏举事，鸿蒙混沌未开之时，含哺而无釜甑，结绳又见文字。伐檀有人，英及舟车，强桑未兆何来重裳。

《礼》云："茹人者，其天地之德，阴阳之交，鬼神之会，五行之秀气也。"伟哉炎黄，据天地之大德，值阴阳之交会，通灵鬼神之际，会道五行之秀。礼行赤县，睛絮苍生。仰观天，俯畏人，惟宽仁茶俭，出杉自逊，而告恳诚慈，始终如一。又蔽奸佞之谗，不用取容之士。天下咸归，百姓安乐，是以列星随旋，日月递照，风雨咔族，万物得和以生，得养以成。嫘祖，黄帝之妃，始创辑织，衣裳之属，黄帝之臣以主文字，史官之女精卫，衔石而填沧海，炎帝之臣卷坐，逆月以迎霞定。乃神乃人，惟载远古，是传是说，算辅信史。

岁月递流，宽寄斯生。涿鹿风云突变，城中归于一统，百族聚为中华，自中原而滂沛十方。泱泱以远，历三代二千余年而入杉秦再历二千余年而有今。天欲亡我中华，必又七十中华之文化，有源以之开流。神州百族，羲黄脊梁，遍列九州，姓氏血脉，扬辉全球。龙腾云起，先氏图腾，乃往昔五千年文明之天探识，亦兹后德万年之大旅橐。大道之行，故国之兴，端摄和谐，宇内各族，世界侨属，秣献辫香，茶祭光祖。历万代，共泵芳之所在，固信羡而永驻。刻石再拜，以颂以祷，斯馨无慼。

中翼杭冲衢、范曾

炎黄赋

莽莽天宇，八万里云驰飙作；恢恢地轮，五千年治乱兴亡。邙砀脊脉，逶迤远连昆岗；河洛清波，浩荡奔注海澨。涉彼洪荒，文明肇创；万代千秋蒙庥，厥功在我炎黄。

曩昔混沌未开之时，含哺而无釜甗，结绳不见文字。伐檀有人，莫及舟车；蚕桑未采，何来垂裳。《礼》云："故人者，其天地之德、阴阳之交、鬼神之会、五行之秀气也。"伟哉炎黄，据天地之大德，值阴阳之交会，通灵鬼神之际，会道五行之秀。礼行赤县，情系苍生。仰畏天，俯畏人，惟宽仁恭俭，出于自然；而忠恕诚悫，始终如一。不蔽奸佞之谗，不用取容之士。天下咸归，百姓安乐。是以列星随旋，日月递照，风雨博施，万物得和以生，得养以成。

嫘祖，黄帝之妃，始创黼织；仓颉，黄帝之臣，以立文字。炎帝之女精卫，衔石而填沧海；炎帝之臣夸父，逐日以迎霞光。乃神乃人，惟载远古；是传是说，宜辅信史。岁月迁流，穷奇斯生，涿鹿风云突变，域中归于一统，百族聚为中华，自中原而滂沛十方。从兹以还，历三代二千余年而入于秦，再历二千余年而有今。天不欲亡我中华，必不亡中华之文化。中华文化，有源以之开流；神州百族，有秩以之共理。炎黄脊梁，遍列九州；姓氏血脉，扬辉全球。龙从云起，先民图腾，乃往昔五千年文明之大标识，亦兹后亿万年之大旌纛。大道之行，讲信修睦，故国之兴，端赖和谐。宇内各族，世界侨属，齐献瓣香，恭祭先祖。历万万代，共众芳之所在，固信美而永驻。刻石再拜，以颂以祷，斯馨无恙。

范曾于抱冲园　丙戌冬

炎黄赋

神话的破灭
——金融风暴中的警世危言

一百多年前,马克思和恩格斯曾说:"一个幽灵,共产主义的幽灵,在欧洲游荡。"(《共产党宣言》)一百多年过去,当人们准备忘记这个幽灵的时候,马克思主义的伟大预见又似不老的常青之树,在貌似辉煌却已空上来的资本主义社会抽丝吐绿。人们惊异地发现,马克思像魔术师一样,挥动起他的魔棒,挑开了一百多年来资产拥有者不尽的谎言。他们的辩护士们的巧言令色,曾欺骗过无以数计的群众、学者和高智商的天才们。《共产党宣言》言之凿凿的名言:资本主义将一切"淹没在利己主义打算的冰水之中",而它的剥削则是"公开的、无耻的、直接的、露骨的"(《共产党宣言》)。那些失去了白领职位、失去了工作的人们,他们储存着的微乎其微的金融债券在瞬间蒸发之后,剩下的是失望和彷徨。而学界却从尘积的旧书中看到了光明之所在。德国已拨出上亿的马克,重编马恩全集。钻石永远是钻石,不管它被沉埋多久。

当一个小孩吹肥皂泡,吹到最大的时候,那五色斑斓的色彩足以令人目迷而心醉。然而,只需要一点点风吹草动,那绚丽的泡沫霎时间破裂,飘零的是破碎的水珠。脆弱是它的特性,因为它的名字叫泡沫。多米诺骨牌的一路倒下,除去脆弱之外,还包含着整个体制的危机。社会的风暴,有些像自然的风暴,往往起于微末而霍然坐大。正如爱德华·劳伦斯说:"南美洲森林中一只蝴蝶翅膀的煽动,会引起北美得克萨斯州的一场巨大的飓风。"这风,来得这般急、这般迅猛、这般具有毁灭性。1929年的经济危机已成为记忆中的小小一池漪沦。那时的资本主义像破落户一般的景象,今天却增大了一万倍。整体性的坍塌已从那控驭着全球的银行的倒闭,敲起一阵阵撕肝裂胆的哀钟。越是需要果断、需要决策的时候,议员们越是神气,议员们,你们争论吧,无论如何的救市,都是杯水车薪。因为你们的五色泡沫太大、太大,不禁使人误以为资本主义是人类希望之所在,它的制度似乎是无可挑剔的神话。曾几何时,美国总统竞选者无一例外地用鼓动人群的滔滔雄词:美国依然领导世界。言犹在耳,我们却听到悲凉的回音已弥漫了全球。"从来就没有什么救世主,也不靠神仙和皇帝",这国际歌似乎没有过时。摆在全世界面前的只有一条路:互利双赢,共拯全球,谁也不必吹牛。国际政客们的肉麻小动作,譬如捧出一个凶残农奴制的代表人物招摇,以要挟中国,伎俩之拙劣,手法之鄙陋,只成为媒介的笑料。人们想起民间的谚语:"武大郎卖豆腐,人孬货软",以此来碰庞然中国,正如蚂蚁在山脊背上爬动,不大引人瞩目。

中国人从来不曾将现代化和西方化等同起来,恐怕这只是某些西方政客和谋士们以小人之心度君子之腹的期盼或猜想。他们心向往之的恐怕正是中国的西方化。化者,入其彀中也,入其牢笼也,成其附庸也。自古有着民族尊严的中国人,从来就有大国之雅量海涵,吸纳一切外国优秀文化的传统。然而,任何虚假的、伪善的心态和行止,都无法动摇中国人传统所信守的格言,譬如:"君子成人之美,不成人之恶"(《论语·颜渊》),"己所不欲,勿施于人"(《论语·颜渊》)。人际关系如此,国际关系亦复如此。当下的世界可以用《尚书·大禹谟》中的"人心惟危,道心惟微"来描述,当人类群体中的每一个体成员都以私欲行事时,那就必然违背了自然和谐和社会和谐的大法则;当"道心"——这不可违抗的自在之物暗淡无光、被人遗忘的时候,那么"盲人骑瞎马,夜半临深池"的大危险便近在咫尺。难道世道人心不是经济、政治、法律、契约等等背后最重要的、无形而潜在的目的和实际左右着行为的伟力吗？它可以使人类一荣俱荣，使人类一衰俱衰。

重新认识资本主义，还需要经历一个、两个世纪，而当下可以分析的是触之可及的人性。经济危机表现出金融大国一贯逞强行凶和伪善掠夺的本质，在它们那里没有公正和仁义。当他们嘲笑中国的文化对人类没有贡献的时候，他们大概忘记了170年来中国所受的一切凌辱和宰割。打开中国大门的正是英国东印度公司的"鸦片文化"。西方的评论家们害怕的正是"中国人仍将西方带来的屈辱历史铭记于心"；胆寒的正是"这个国家1980年以来的开放程度令人着迷"（新华社柏林11月4日德文电《商报》文摘）。殊不知，中华民族善良的遗传基因，在人类历史上展现的是"以直报怨，以德报德"（《论语·宪问》），而不是怨怨相报，了无尽日。"从封闭半封闭到全方位开放的伟大历史转折，经济持续快速发展，人民生活水平大幅提高，各项社会事业显著进步。"然而，"我们在发展过程中遇到的矛盾和问题，无论是规模还是复杂性，都是世界所罕见的"（胡锦涛《坚持开放合作，寻求互利共赢——在亚太经济组织第十六次领导人非正式会议上的讲话》）。中国人知道，今天的世界应是一个同舟共济、互利共赢、"讲信修睦"（《礼记·礼运·大同篇》）的时代。中国知道自己该做什么，中国是一个对世界负责任的大国。我们中国人信守"前事不忘，后事之师"的格言，当寡廉鲜耻对中国掠夺欺凌的时代过去之后，我们所希望于世人的是，躬自反问，我们过去和今天对得起中国吗？仅此而已。中国人知道一个"恕"字，知道"相逢一笑泯恩仇"。然而我们所得到的回报，则往往令人发指。中国倾全国之力所主办的奥运会，目的只有一个：和平、团结，而德国竟有无耻的"黑色奥运"展览，对此全世界人民抨掌、罗格先生赞为"无与伦比"的盛会，进行肆无忌惮地诽谤与中伤，于情何忍？于理何忍？中国人的克制力，对此类小事可不予理睬；但对那些一方面希图中国援手、一方面狰狞恐吓有加的大家伙，恐怕不会置若罔闻，我们祝福他们能尝到好果。

人类在经济海啸前面临着整体的心灵救赎。往昔人类的历史，无非是玉帛变干戈，干戈化玉帛，恶德的因果在无休止地赓续着。而这次的经济风暴就更关乎着"人"和"天"的关系，不只包含着宇宙本体论，也包含着宇宙生成论。人类作为宇宙中的微小存在，在自然合目的性的条件下生成，和宇宙本体同在。然而当人欲超越了一定的警戒线的时候，虽然黄牌频示，人类依旧无动于衷，一意孤行地鼓动那难填的欲壑，这时自然的合目的性便会发言了，轻的叫局部惩罚，重的叫天怒。

大自然赋予地球的资源有限，有限度的人口本可节俭为生，安其居乐其俗，倘若地球上各不相同的族群都能稍稍理解一下宋儒"存天理，灭人欲"的本旨时，那情况便不致发展到今天如此的不堪收拾。人欲者，非指饮食男女也，非指必须的物质需求也，指的是那违拗天意的超前欲望。这超前欲望据说会在一个晚上使任何一个平民拥有汽车和洋房，有种种可有可无的消费，当借贷成为全民性的生活习惯时，其可以维持的时日，在宇宙看来真是刹那的。祖父欠下的贷款，父亲无法偿还，父亲的贷单又到了儿子的手。人们不想明天的日子，只图当下的快乐，然而这快乐曾几何时化为了无可慰藉的悲哀。人们于是竞相购买股票，股票有它自身的法则，它的法则是绝不会使所有的人发财。浑浑噩噩的人群有着普遍的侥幸心理，原本多属小股民遭殃，今天亿万富翁们同当其祸。因为最根本的原因是人们忽略了实体经济无可自拔的困厄，在虚幻中的生存似乎更容易得到精神的解脱。但是新的希望带来新的失望，这次的金融风暴是一视同仁地对所有人，或更直接地对普遍人性中的恶德——投机、侥幸、贪婪等等的后报，从佛家的观念讲如是之果有如是之报，没有任何别的解释。

对人类亘古以还不可救药的、挥之不去的"私欲"，西方的先哲和东方的先哲都有过切中肯綮的提示和警告。苏格拉底曾经热烈地歌颂"善"，而他以为"善被称作自制和诚实"。而我以为，所有的"恶"则正好相反是纵欲和谎言。于是苏格拉底告诫人们："要抵抗欲望，而不是向他们投降。"他劝导："自制就是不受欲望的驱使，对欲望保持一种体面的冷漠。"苏格拉底希望人们学会"指向他灵魂的"思考（以上引文均见《柏拉图全集·斐多篇》)。

而在中国的《四书·大学》中,所谓"大学之道,在明明德,在亲民,在止于至善"。这真是开宗明义地告诉人们要回归到所得乎天的本初的光明("明明德")。革除陋习,勉作新人("在亲民","亲"作"新"解),从而达致为人道德的至高之境("在止于至善")。我们知道,人类物质文明的日新月异并不意味着精神和道德的前进,某些时候甚至背道而驰。宇宙之大,横无际涯,而地球和人类之渺小,宛似沙尘。当康德以他渊博和谦卑的本性在写完他的《实践理性批判》时说:"有两样东西人们越是持久地对之凝神思索,它们就越是使内心充满着新而日增的惊奇和敬畏:我头上的星空和我心中的道德律。"(康德《实践理性批判·结论》)他的敬畏是由于自感微弱,他的惊奇是因为宇宙的伟大。这不正是《老子》书中所提到的"道"和"德"吗?这不正是中国人二千五百年来所信守不渝的,反对粗猛刚厉,主张"上善若水",提倡居卑处微、克己而利他的思维的胜果吗?

天地之间,总有那恒居不变的存在,康德讲"作为本体而言,没有任何事情发生"(《纯粹理性批判》第二部分第二编第二卷第九节)。霍金告诉我们,宇宙的变化以千万亿年计,这对生命有限的人类而言,大体可说是"没有任何事情发生"。那是永恒的、不假言说的大存在。人类应当思考的不仅是目下的急难,更应仰首看一看星空。

在空前的经济海啸之前,你倘不作"指向他灵魂的"思考,那么一切应时的举措,虽能平息灾难于一时一际,然而所得的后果往往是决海救焚,焚收溺至。人类面临着整体性的心灵的调整。是时候了——"至善"正以它不朽的光照在引路,唯一的是看你走不走。放下一切的自负、伪装,认识自身的缺陷,恶德过甚则必须改弦更张,勉作新人。而今,"霸权"竟何在?那对人类为害至钜的"霸权",怎么不见它拯救世界的伟举?当然,这是任什么人有天大的本事也解决不了的难题,而人类可以做到的是不作岸上观,不要各人自扫门前雪,妄图以贸易保护主义等不足取的手段自渡难关。我们正应坚持朝着那"把握建立公平、公正、有序的国际金融新秩序的方向,坚持均衡性、渐进性、实效性的原则"(胡锦涛《坚持开放合作,寻求互利共赢——在亚太经济组织第十六次领导人非正式会议上的讲话》)。当今世界,中国古代寓言中的"鹬蚌相争,渔翁得利"的故事不会重演,全世界再不见可袖手得利的渔翁。对人类共同的难题,人们必抱同心同德的良知、风雨同舟的决心、和衷共济的善意、夙兴夜寐的努力,视地球为共同赖以生存的家园,才可能治标治本,谋求共同的生路。举措急则天下乱,而举措慢则天下灾,那么唯一可行的是科学治理、科学调整和科学发展。徒托空言无济于事,坐以待毙则必致整体倾圮。苟有"贩粟者欲岁之饥,卖药者欲人之疾"(北齐·刘昼《刘子·言苑》),此种不齿之丑行者,则天下可鸣鼓而攻。

中国人民自1840年鸦片战争之后,人为刀俎,我为鱼肉,受尽一切的灾难和屈辱,我们更记得107年以前辛丑条约,中国赔款四亿五千万两白银,彼时中国只四亿五千万人,也就是中国人每人交出一两银子来。更有甚者,这四亿五千万两白银分39年还清,年息四厘,总合九亿八千万两,中国人就更得勒紧裤带每人交出二两银子。西方对中国的敲骨吸髓至此可谓极矣。历史的一页翻过去了,中国人不会轻忘。但以直报怨,不意味着今天会出来做冤大头。中国人沫血饮泣,熬过了千难万难,终于站起来了,中国人不容易。今天我们会怀着仁人之心,关心普天下的困难,做力所能及的工作,"仁至义尽"一词正可描述今日之中国。

"在任何社会里,不管是禽兽的或人类的社会,从前都是暴力造成霸主,现在却是仁德造成贤君。地上的狮、虎,空中的鹰、鸢,都只以善战称雄,以逞强行凶统治群众;而天鹅就不是这样,它在水上为王,是凭着一切足以缔造太平世界的美德,如高尚、尊严、仁厚等等。"(布封《布封文钞·天鹅》)

霸权式微,大同共造,是缔造太平世界的八字箴言,它从远古回响至今,微言大义,发人深省。它离我们很近,"仁远乎哉?我欲仁,斯仁至矣"(《论语·述而》)。在金融海啸中,人类正应澡雪精神,疏瀹肺腑,从往昔的迷途走向绚烂的明天。

"往者不可谏，来者犹可追"，让我们走向众芳之所在，那里正是炊烟袅袅的家园。

二〇〇八年岁末

范曾先生在联合国教科文组织举行的研讨会上演讲

后现代主义艺术的没落
——在金融海啸中的思考

时代板荡，风云际会，文艺上即立时呈现薰莸杂处、良莠并生的状态。明末清初有黄宗羲、王夫之、顾亭林等坚守大道之鸿儒，亦有恣肆无度之狂禅应运而生；南宋溃萎，既有朱熹、陈亮诸大理学家风云中立定精神，亦有鼓吹心性、招摇于市的轻薄儿跳腾杂沓于市，这就是历史不断重复的无情现实。

人类曾一而再地经历过颓废、厌世、消极情绪的时节，往往是巨大的相互杀戮之后，譬如第一次世界大战和第二次世界大战的前后，人生无常、苦海无边的心态风靡，这期间有哲学家、政治家、艺术家和无知的青年。而本是单纯如白纸的青年，一夜间会变为头发一根根竖起来、染上红黄蓝白的垮掉的一代。精神的提升，需待以漫长的年月，其间必有艰苦的奋斗过程；而精神的下滑则轻而易举，掉进万丈深渊，只需刹那。

楚国兰台公子宋玉所描述过的起于青苹之末的雄风和起于腐余之灰的雌风，都是不知不觉之间霍然坐大的，而人类社会的风气也同样如此，加上所谓"上智"的倡导，"下愚"的盲动，便汇为了势不可挡的浪潮。社会整体的自觉不太容易，无论正面的（积极的、光明的）和反面的（消极的、黑暗的），都是上有倡之者，下必甚焉，于是我们既看到历史上天朗气清、惠风和畅的时代，也看到阴风怒号、浊浪排空的时代。在20世纪的艺术界有一个幽灵在欧洲游荡——后现代主义的幽灵，它蛰伏着、潜行着，最后成了排山倒海之势，致使从古希腊到罗马文艺复兴时代的古典主义艺术荡然无存，而从事古典主义艺术的艺术家们食指艰辛，漂泊栖迟。

英国画家查普曼在19世纪70年代提出"后现代绘画"，以别于后期印象派，当时的艺术家不会太离谱。英国历史学家汤因比的《历史研究》于1961年出版，他提出的后现代，和今天的后现代艺术家大体无关。他关注的是多元世界文化的地球村，而他的警世危言则开列得清清楚楚，他不仅不是后现代主义的教主，实际上他揭示了后现代主义所由产生的背景。西方资本主义前景黯淡，危机四伏，对西方现代文明，他所发现的病灶，比当时任何一个学者都敏锐。他以为西方文明的自杀过程正加速度前进，有十个方面沉疴已久，不能自拔：1.原子战争。2.技术（如电脑技术的日新月异——作者注）。3.空间开发，问题则在地上。4.极端的消费主义（如目前的次贷危机——作者注）。5.贪婪。6.人口过剩。7.污染。8.混乱，已超过人类所能承受。9.道德的裂隙：技术权利与人类伦理准则的鸿沟（如今天世界不止一两处的克隆人的探究——作者注）。10.自我中心主义（极端的个人主义、权力意志——作者注）。(1972年英文版 *A Study of History*; the one Volume Edition Illustrated, Published by Arrangement with Thames and Hudon； 转引自岛子《后现代艺术系谱》，第48页)

汤因比的理论被视为现代主义自杀论的滥觞。与他差不多同时，德国历史哲学家斯宾格勒《西方的没落》一书，站在民族主义的立场，有对资本主义"怒其不争"的惋惜，他的悲观主义，有一句不能不使人沮丧的名言："愿意的人，命运领着走；不愿意的人，命运拖着走。"（《西方的没落》第14章第471页）而汤因比敲响的却是西方文明的丧钟，则有对资本主义"恨其不死"的愤怒。然而，并不是所有的人都有斯宾格勒和汤因比的渊博和智慧，他们的代表人物确是小有智慧、大有狡狯的折腾者。杜桑在20世纪20年代的登场，成为一个时代的结束，另一个时代的开启。也许他有些爱恶作剧，也许他不乏使用嘲弄手法的本领，于是在1917年杜桑自一个商场购得尿器，堂而皇之地引入美术馆，名之曰"喷泉",杜桑从而成了后现代主义的鼻祖,当然在我们看来的不雅之举,西方评论家却煞有介事起来——现成物策略,成了后现代主义的利器。评论家首先不是有要求于艺术家,而是要求观众,"不管它是什么,它必须有一个胃,能够消化橡皮、煤、铀、月亮和诗"(刘易斯·辛普森)。这真有市井泼皮牛二横不讲理的意味。或者提升一些讲,是以形象的专政深入心灵的专政。杜桑的"喷泉"一词,意含猥亵,不用详批。而他这一"艺术创作"竟能成为一个艺术时代的象征,我们就不能不思考其缘由。西方的思想家如18世纪之康德、19世纪之黑格尔殚精竭虑、呕心沥血的思想硕果,在杜桑之流看来,都是人类思维的赘疣,必除之而后快,人类所需要的是随心所欲。杜桑同时也是现代艺术的启蒙者,他告别了传统艺术所必须的视觉上的、心理上的、技巧上的严格要求,而且"喷泉"一作,与便溺有关,他竟然想起了庄子。因为庄子的确有过"道"在瓦砾在便溺之说。杜桑当然不会理解庄子天地万物为齐一的高论,也不理解庄子"本道根真"的追逐,更不知道庄子对"操之则栗,舍之则悲"的鄙弃。以杜桑为代表的后现代派诸君距庄子的以天地为大炉,以造化为大冶的境界相距太远,或正背道而驰。后现代派艺术对古典主义艺术的颠覆,则是一种语言霸权的实现,而古典主义原来的地位,则本源于自身的美质,不是一种极端的排他性的霸权主义。

后现代主义的理论家们,似乎对佛家的禅宗、老庄的言说颇寄深情,以为与东方之智慧不谋而合,其实这是误解,他们的艺术实现与佛、道取舍异殊。那佛家的悟道沉痛、广大慈悲,来源于他们证得四大皆空后的彻悟,禅的静思是远离"我执"与"法执"的大自在。后现代主义的某些理论家们,也主张期待"朝向沉默的运动"(伊哈布·哈桑),这大概有些悟道的成分。庄子中有老龙吉者,彻悟大道之真人也,却悟而不言,不言而死。可是那蜂蝶随潮的后现代的勇士们大概是永远达不到这种境界的。反是我们看出他们的烦恼障,常使他们沉入深不见底的心灵的苦痛渊薮而不能自拔。这就与佛家的清净世界、"能除一切苦"楚辕而赵辙了。道家要证得"无",要复归于无极,复归于朴,复归于婴儿,与后现代的喧嚣、恣妄和无所不破坏、无所不解构,更是风马牛不相及。

佛家的无上偈是"放下"二字，而后现代派的艺术家们所谓的洒脱、无羁正是不能做到"放下"二字。后工业时代带给人类的不再是田园的牧歌，而是层出不穷的灾难：空气中二氧化碳的与日俱增、臭氧层空洞的扩大、植被的荒凉、沙漠的施暴、物类的食物链破坏、地球气温的上升等等，更有甚者，在资本契约社会的表面的公正和严密后面，却是消费社会使公众的欲望等比级数地膨胀，次贷危机迟早有一天会如多米诺骨牌之坍塌，使《列子》书中杞人所忧之天倾覆而下，窒息整个貌似辉煌的资本主义。太多的问题使人类不安、忧虑和焦躁。然而庞大无比的社会的列车已然开动，车上的乘客是绝对软弱无力的。而心灵敏感的艺术家则表现纷陈，非止一端：愤世嫉俗的、享乐主义的、下流无耻的（"性，那就是人生"——杜桑作如是说）、荒诞无稽的、浅陋浮泛的、故作深刻的，都会出现在各种各样的艺术宣言和艺术手法中。头脑比较复杂的理论家如哈佛大学教授奥尔森认为，西方文化的认识论传统"最后导致了现代资本主义的社会不平等现象，理性思想的果实是民族主义和工业主义，两者都在战争和劫掠中露出了本性"。我们所不能轻同的是，他的因果论中排除了最重要的原因——资本主义的体制，而将原因转嫁到无辜的理性主义——从亚里士多德到康德、黑格尔。认识论的创说者没有罪过，使用认识论而为非作歹的历史玩火者，才是战争和掠夺的根源，殖民主义和后殖民主义都与资本主义体制有关，而与逻辑、演绎的思维方法无关。

为杜桑所始料不及的是，他以尿器为雕刻的恶作剧，竟然将他推向解构和"反艺术之父"的祭尊之位。人们以为他提倡的是"无中心"，其实他已然成为了反旧有形式和审美法规的"中心"。这种无法规和中国山水画史中石涛的"至人无法，非无法也，无法而法，是为至法"就大相径庭了。石涛的"无法"乃是对传统技法的推进，所以称为"至人"的"至法"，而杜桑则全然是轰动效应下产生的艺术怪胎。达·芬奇做梦也想不到500年后杜桑专找他开玩笑。蒙娜丽莎，人类艺术史上的奇迹，那文静而恬淡、高雅而质朴的古典美人，在杜桑的笔下长出翘起的胡须，成了神经质的达利，抽着卷烟，吸着饮料，或者干脆变为一只恶猫、一个妖妇、一个赤身裸体怀着身孕的庸妇。杜桑在画下有说明文字："达·芬奇：都是杜桑的祸。蒙娜丽莎：'UN不！那是后工业后娘养的。'"笔头上在亵渎先贤，口头上却标榜着反时代的庄严目标（当然语言照样是流氓的）。试问：丑化了的历史名作和后工业时代有什么关系？解构的结果表明杜桑对艺术的仇视。庄子当年反艺术，反的是那种违拗自然本真之性的伪艺术，而对真正与天地精神往还的韶乐、商颂，则寄予了崇高的敬仰。任何一种对艺术的态度，不是由于冠以了什么"意义"，便可以荒唐为玄奥，借指桑以骂槐，恶作剧不会成为真正的经典喜剧和悲剧。杜桑的罪过不止于此，前文所提及之"性，那就是人生"，其实是一张杜桑化装为一风尘女子的自拍相片而以法语谐音而起的名字"罗斯·赛拉薇"。用心污秽色情，足见杜桑品斯下矣。然后果之不堪设想，乃有过于其"雕刻"喷泉。杜桑于1968年去世，可惜看不到巴黎"五月风暴"的"盛况"，那是后现代主义已然从艺术的范畴走进了社会一切方面的证明。我们当然不能让杜桑1917年的《喷泉》担荷人类的所有乖张、荒诞的行径；然而打开那带给人类无休无止的疯狂、罪恶、嫉妒和疾病的潘多拉魔盒的，的的确确应归咎于杜桑，使他在九泉之下也永不得安宁——躁动，这正是杜桑所希望的也未可知。当20世纪70年代之后，西方盛极一时的"坏女孩"、"垃圾女孩"、"愤怒的年轻女性"，"'剥开'阻挡主题的视觉形象结果"，说明白一点就是暴露狂，据说为的是使社会理解妇女之境遇，实质上正中社会上登徒子们的视觉快感。初为反对男性中心主义，却恰恰适应和助长了男性中心主义，这种二律背反，在后现代派的作品之中屡见不鲜。这难道和当初杜桑的名言"性即人生"无关吗？后现代派的艺术还带来了医学上的麻烦，艾滋病的猖獗，可谓其来有自。

后现代主义者的艺术在实施过程中的二律背反，不只是普遍现象，我们甚至可以认为是一种必然的结果。起先的口号大体包含着愤世嫉俗，鞭笞社会弊病，痛恨既有的所有制度、规则，对传统经典主义的釜底抽薪式的否定、对社会边缘的族群（包括妇女、囚徒、义务兵、同性恋者、医院中贫穷的患者）表现的同情，这在福柯的理论中最为鲜明，他的所有斗争不是为了哪一个阶级，他所谓的"异在者"，我以为正是指的被社会所遗忘的角落的人群。福柯怀疑一切制度，无论它们有多么"科学"或"革命"。而他所谓的革命是"无中心"的。当发轫于艺术的斗争而广及所有的社会问题时，"后现代"概念的外延已然无边无际。"后现代究竟是什么？"这样的质疑来自于最具权威的后现代主义理论家利奥塔，他并不是后现代主义的鼓动者，他深入地研究它，对后现代主义的批判言之凿凿，切中要害。他说："当权力来自资本而不是政党时……艺术变为了庸俗时尚之物，于是开始迎合艺术赞助者的'品味'，艺术家画廊主持人、批评家和普罗大众在'怎么都行'的浊流中漂荡沉浮。这是一个懈怠而黯然的时代。然而'怎么都行'式的现实（写实）主义，实际上即拜金主义；在审美准则的匮乏下，人们会以作品所产生的利润来评价作品的价值，只要符合流行口味的需要，具有市场销路，那种拜金现实（写实）主义，就能迎合所有的流行时尚。这就像资本主义能够迎合满足所有需求一样。至于鉴赏趣味，当人们沉溺于自我迷醉或自我淫逸时，则压根儿不再挑剔是否高雅和精纯了。"（利奥塔《后现代状况》，第15章）利奥塔指出，艺术和文学的研究只注意大众所关注。在我看来，哪怕是极其鄙陋与恶俗的东西，都会投普罗群众之好。利奥塔甚至提出了"包装奢华无比"，以慰藉那些缺乏头脑、判断力低下的读者。

后现代主义最初不无对后工业时代来临之后社会伪善的批判，然而以丑恶的手段来反讽，不足以丝毫杜绝已然存在的丑恶；对传统的叛逆，也只会使整体社会不再会有"主敬"的虔诚。而乖张、荒诞无法缔造一个宽容博大的新秩序，淫秽之行为艺术，只会使社会更加沉沦。后现代主义的一切以自我宣泄为出发点，忘记了他们反对古典艺术霸权时的初衷，一味地膨胀自我，一旦应时得势，必然树立起新的后现代主义的霸权。这种霸权也许并不凭借政治的力量、集体的盲动和混乱，但足以使一些精力旺盛而坚牙利齿的角色声名鹊起。德里达正是这个时代的宠儿，并且反过来影响这个时代——登上历史舞台的德里达便被拥为"最后的思想大师"，成为了解构主义的旗帜，竟被社会前沿的学术界视为自柏拉图以来改变了西方思想的无可争议的领军者。

从杜桑到德里达，我们无法找到比他们影响更大的人物，杜桑是可视的，而德里达可解吗？今天我有一位旅法的哲学家朋友裴程，他精通法语又专攻哲学，故而能入座密特朗图书馆东方部主任之高位。他问自己的法国朋友，我怎么也看不懂德里达的著作，他法国的朋友说：你看不懂就对了，我们有着和你一样的感受。问今之法国，真正读懂德里达的能有几人，那么这就令人不解了，既然读都读不懂，何以有如此不可估量的影响？

茫然的人群需要偶像，不管对"偶像"了解不了解，这是所有邪教和荒诞理论得以猖獗一时的根本原因。邪教和荒诞理论总会有类似咒语、似是而非的幻觉在昭示着愚蠢的族群。"信仰"在这里变为了一种愚民的手段，念咒语的可以完全不懂所云何物，但其心灵却可以得到慰藉，心理学家知道这是一种符合人体科学的现象，倒不是巫师真有通天的本事。

在此，我决无意于对德里达本人进行任何无聊的人身攻击，也决不是把他推到邪教教主之地位。甚至我还对德里达年轻时对资本主义制度的反抗，投以适当的敬意。譬如他所参加的反对种族隔离文化基金会创设的运动，他甚至在1993年于纽约发表《马克思的幽灵》，这时他是反对种族主义的杰出人物曼德拉的同路人。当非洲血缘的美国记者穆米阿·阿布·杰马尔因为揭发美国监狱系统的残酷而被判处死刑时，德里达绝对站在了正义的立场，而且德里达尖锐地发现，美国当时的死刑制度是种族主义的帮凶，德里达成了旨在营救阿布·杰马尔的象征存在。我们还应该记住，德里达曾受牵连于海德格尔，人们认为海德格尔曾一度效忠于纳粹主义，因此在法国"应该停止阅读海德格尔的著作"；大家又都知道德里达曾从海德格尔那里继承了一些课题——所有这一切在学界和社会所引起的轰动效应，使德里达困境重重，却使他不期然地成为了社会目光的集中点，这大大有助于他解构学说的磅礴于世。其实，德里达所有社会活动的中心指向，与他的后现代主义关系不大，但他的社会影响，却使他的主义飙风顿起。

德里达的矛头所向首先是柏拉图。自柏拉图，然后经过卢梭到胡

·我与故国六十年·

柏拉图

114

塞尔等在西方已成为真理而被特权化的理论。反对特权化的釜底抽薪的话语是："柏拉图著作存在着，可是柏拉图的著作不存在。"（德里达《柏拉图的药》）这且置而不论，柏拉图不会因为这句话而消失，近年中国译出的柏拉图全集已然对柏拉图无置疑的著作和苏格拉底的著作清晰地分辨清楚。德里达妄图做一个伟大的创说者，然而在他之前已然大山林立：苏格拉底、柏拉图、康德、黑格尔、卢梭，他用自己创设的话语系统和种种不可理喻的词藻（几乎是排除在人类集体记忆之外的自说自语的新创词汇，譬如"临在"、"在场"、"他者"、"赠送难题"、"责任逻辑"、"割礼告白"、"灰痕迹"等等）来构架他的理论。在操法语的人群中已经完全难解的词汇，当译为中文时，正所谓"字经三写，乌焉成马"，其难解又增加了几倍。于是笔者怀疑当下的中国自称是德里达的学者们，是否有能力对我作启蒙而清晰的解释。德里达宛如塞万提斯笔下冲向风车的堂吉诃德。在我看来，德里达的著述之所以风行一时，不是由于它本身有移山推海的哲学力量和语言魅力，而大体来自愚昧的人群唯恐被别人视为弱智者，而装作懂的样子，在最虚荣的族群中犹然如此。其实德里达自说自话的时候，已然自我陷入了失语的状态。他不胜悲哀地讲："谁也不能理解我的宗教。"（与G.本宁合著的《雅克·德里达》）正如前文提及的"咒语"说，在德里达的著作中绝对比比皆是。我们不要忘记，从亚里士多德到康德，他们都是科学家，实证是他们立论的依据，那么，我们希求从德里达这里追索依据时，他的回答是形而上学中心主义——逻各斯中心主义之不足取，本文之必须解构，他要为古典哲学所依托的"表音文字"敲起丧钟，同时设想一种理想性原型的文字。德里达的非非之想，竟使西方稍稍年轻的学者和年轻人群开展了历时半个世纪的话语解构。这种解构与中国禅宗的智慧可就不啻天壤了，也许禅宗《六祖坛经》和《五灯会元》的话头、偈语是颇费深思的，然而它们却正竭尽了中国原本话语的妙谛。德里达的《声音和现象——胡塞尔现象学中符号问题的导论》、《论文字学》、《播散》、《立场》、《丧钟》……果真有微言大义浸透其中吗？德里达的解构宣言《论文字学》，并没有给我们哲理上任何深入的启示，只觉得他是下定决心要从语言开始解构,这预示着他和当年杜桑一样,要打开另一个潘多拉的魔盒。

解构这幽灵走进艺术,不确定性(反映生活之暧昧细节)、即时性(日常生活内容)和即物性(利用新的媒介)、无中心、无主题、主体离散、游移,语言呕哑嘲哳,语境混淆漫漶,互相平行的、互相排挤的、互相重叠的不一而足,人们开始写"一首没有主人公的诗",写无情节的平面的历史。一切都在流变,一切都还未完成。合情合理、中规中矩的所有社会法则、艺术规定、逻辑的语言要素都是必须打倒的"霸权",一个荒诞的、可悲叹的、黯淡无光的时代,慢慢地走向人类世界。当一切失序的时候,那么恐怖、瘟疫、仇杀便自然而然地合法化。德里达当初反对的,成为今天提倡的。后现代主义的二律背反,在德里达身上反映最著。

后现代主义由不可理喻渐渐恶性滋生出血淋淋的、淫秽不堪入目的作品,甚至粪便堂而皇之地走向众芳之所在。大粪或其他分泌物成为艺术家无上珍贵的艺术载体,杜桑曾对达利述说自己的感悟:"肚脐眼里的分泌物将是一种首要的文本。"意大利艺术家曼佐尼(Piero Manzoni 1933—1963)的粪便作品《100%纯艺术家粪便》其版本是一些小罐,每个都装有30克自己的粪便,他的意思可能有一点庄严——对艺术市场媚俗化的滑稽摹仿,然而这种下作的手段与庄严的目标正背道而驰,比媚俗的更令人望而生厌。接着北美的艺术家们公开展销自己的粪便。如果艺术家的粪便成为商品,成为一种引人艳羡的收入,那么医学上的一个科学用语"肛门快感"正适合作他们印刷品的绝妙题词。法伊阿本德(PAWLK-Feyerabend)的"怎么都行"是所有这些荒谬绝伦的艺术家的旗帜,在这面旗帜之下,还有什么是不可以做的吗?

1974年在那不勒斯美丽的女艺术家以自己的肉体供男人猥亵、伤害,她说:"我是你的对象,桌上有72种对象随意由你在我身上使用。"她的衣服被男人们扯碎,赤裸着身体,面部表情神圣(我想是装的,不会神圣到一个下流痞子吮吸其乳房也无动于衷——不是物以类聚,便是故意作态),这说明了什么?这是一件历史上没有任何参照系的艺术品,因这件作品而人们不会对男性主义中心腐心切齿,反之倒是使好色之徒一饱秀色可餐之福。20世纪以降的后现代主义哲人们,你们没有觉得你们自说自话的后果却有声有色吗？你们违拗自然大秩序的创说、你们的批判行为和艺术家们的行为批判化为上帝在云端讪笑，并向你们抛下了诘问。麦当娜和稍后的苏格兰"辣妹"，将性、权力与摇滚歌唱搅和一起，在万人广场的无羞涩之心的表演，引发了有教养社会阶层的巨大道德恐慌，在家里叨陪鲤对一万次，不如看一次麦当娜声色交汇的表演。可惜的是麦当娜标榜的是艺术——神圣的艺术。记得有一次在万人人头攒动之中，麦当娜发现了自己作为贵宾出席首演的父亲，并把父亲请上舞台。老人的尴尬、羞惭形于外而伤于中，人群经久不息的掌声似乎是一种尊重，但每个人心里想着什么？——天晓得。

金钱、拜物教是资本社会的宗教，而超前消费、次贷消费，则是拜物教祭坛上的鼎鼐。金钱的诱惑无所不在地引导着社会的普遍道德指向。后现代艺术，你算老几，在一阵似乎正义的呼声之后，很快销声匿迹；无比庞大的资本诱惑，迅捷地使思想家们、艺术家们就范。前卫艺术家起始对艺术商品性和商业化的悲壮性的拒绝，不久就会被资本主义的讹诈所征服，甚至成为为虎作伥的傀儡或被资本玩弄于股掌之上的木偶，这就是后现代艺术悲剧的起源。当后现代艺术发生了如此质的变化之后，后殖民主义的阴谋家们登场的时节便来临了，后现代艺术的清高一夜之间变化为庸俗的时尚之物，另一种的媚俗很快取代了后现代艺术发源之初恨之入骨的昔日的有限媚俗。凭借着巨大的、覆盖全球的网络系统，审美标准的彻底丧失使文化垃圾大行其是。如同薇干菊一样，飘浮到世界各地。上世纪60年代艺术家们所投入的反资本主义热潮，表现出的对走红市场的艺术品的逆反行动——不计价格的观念艺术、过程艺术、地域艺术、极限艺术（理念化的艺术）烟消云散。一切都有可能发生，波伊斯对啤酒罐吹一口气，值一百万美金，而米罗随手画的一条线，签上名字以后价值千万英镑。马克思和恩格斯当年所说的"一切精神的或物质的东西都会变成交换价值并到市场上去寻找最符合它的真正价值的评价的时期"（《马克思恩格斯全集》第四卷第80页）来临了。其中包括德行、爱情、信仰、知识和良心，都可成为待价而沽的商品。可怜第三世界的功力不足又想一夜巨富的穷艺术家们，不

知言識人

戊辰 范曾

惜出卖民族的光荣和尊严,画出自己族群的奇形怪状的形象——满嘴牙齿的、同一模子刻出的痴呆者侧着脸排着队向观众傻笑,甚至无耻地攻击自己民族的历史伟人。及以至此,艺术的颓废和堕落达到历史的最高峰。我们几乎丝毫不怀疑某些想左右世界的国家的某些组织,譬如情报局之类,那些阴诈深算的家伙们,以些许的小钱,(在他们看来)谋取政治上的大利,购买一幅怪丑的画,可以动摇一万个无知的青年,如同病毒的传播,横无际涯。

物极必反是宇宙的大法,谁也无法阻拦。金融海啸的突然来袭,打破了人类的所有间间小智,它所向披靡,无远弗届。虚假的膨胀的社会消费,缩水之快,如广漠以吞小溪。而在资本主义隙缝中求生存的后现代艺术的临终之日也渐渐迫近,曾几何时,艺术是艺术、垃圾是垃圾的最简单的逻辑,也会复归其本位,谓予不信,今日绘画之市场,竟是谁家之天下?真正的艺术家们渐渐复苏,而揣怀机心的甚嚣尘上的画丐,不免三缄其口。高谈阔论或强词夺理不会是真正的艺术之母,而"美言不信"渐渐又被人们视为真理。艺术靠的是纯真的心灵和精绝的技巧,靠的是诚实的观众和公允的评论。后现代主义的一切都烟云过眼、微不足道。

文章至此,不免心怀恻隐,虽然一世纪以来翻云覆雨的是后现代主义的艺术家、舞文求生的评论家和财力有限的画商,可恨之人亦有可怜之处。他们仅仅是鼎鼐中的牺牲品。最该讨伐的是那些资本王国的兴风作浪者,当这些金融大鳄们驾着自备飞机到议会以求国家救市之时,依旧是瘦死的骆驼比马大,最该自省的是那些以邻为壑、妄图以贸易保护主义嫁祸于人的决策者。

阳光依旧会照拂地球,阴暗毕竟会暴露,在历史转折的关头,好自为之,是所有玩火者应当三思者,不,"再,斯可矣!"不再旧调重弹,故伎复演,是全世界所有正直的人们的期望。

二〇〇九年二月八日于青岛

孔子像

老骥伏枥，志在千里
——谈和谐社会

和谐，它是浩畅的惠风，是润物的甘霖，是天地大道、人类社会的秩序。仰望繁星随旋，日月递照，那是和谐；俯察万物得时，草木丰茂，那是和谐。我们甚至可以将和谐最根本的性质追溯到宇宙本体的生成。和谐，是一切合理事物之母。"大道之行也天下为公，选贤与能，讲信修睦。故人不独亲其亲，不独子其子，使老有所终、壮有所用、幼有所长，矜寡孤独废疾者皆有所养。"这是两千多年前戴圣所编《礼记·礼运》中的名言，千百年来人们都记得、都期待着"大道之行"的来临。21世纪的中国人民应感到最大幸福的是，"和谐"已成了我们中华民族的共识。而且这种社会理想正顺应着世界的大潮，已滂沛成气。谭晶在维也纳金色大厅中的独唱会，标题是我所书写的"和谐之声"，而音像带盒中同时赠送给国际友人的是我所画的"和平之歌"一轴，这是艺术家向世界发出的祥和而真诚的声音。

和谐，它提供人们尽可能多的契约以内的自由，什么是契约？社会生存的一切法律都是契约。市场经济以兴，艺术家的活跃不仅不会横受阻拦，甚至受到社会公众的鼓励。然而第一等重要的事是艺术家不要忘记自己神圣的使命，不要使自己成为柳宗元笔下的蝜蝂。最近在中国美术馆所举办的《第四届全国法制宣传书画展》上，全国书画家的作品都围绕着"助人伦、成教化"的主题，它展示了在创造和谐社会中艺术家们的共同心迹。

我们正面临着多难兴邦的时代，"和谐"是世界所有爱好和平的国家和人民的共同利益所在，顺之者昌，逆之者亡。"和谐"是构建未来地球村的蓝图，构之者兴，毁之者衰。和谐所希求的是"己所不欲，勿施于人"的宽宏博大襟怀，这是中国在21世纪初向全人类奉献上的最神圣、最先进的文化，这种文化根植在中华民族古老文明的基础之上，而在新世纪将是一条人类通向生存、和睦、共同发展的康庄之道。

和谐渗透在社会道德、公众契约、群体审美之中。我们无法想象没有崇高的社会道德的"和谐"，也没有不受公众契约保护的"和谐"，"和谐"同时是群体审美的先导。公元前5世纪孔子倡"仁"，在《论语》中提到"仁"字凡109处，"仁"在孔子那里，一般是道德伦理之规范，孔子几乎将"仁"遍列于社会理想、行为规范、接物行事、处世待人的一切方面，总观之，是为了维护社会的大秩序，而这个大秩序的指向是一个向善的太平世界。孔子死后十年，古希腊的苏格拉底诞生，他希望人类知道"道德是善的知识"，这真是东西方大哲的不期而遇。因此，和谐正是社会向善、道德成熟的标志。

文艺家在这和谐社会时代精神的构建中，无可旁贷的职责是躬身力行，严于律己。文艺家往往得社会风气之先。他们的一言一行将会对社会产生或正或负的作用。在当下包括卓越的大师、声名鹊起的名家、影星、歌手等等，正由于聚光灯照耀着他们，因此，他们的服饰、语言方式、做派、举手投足都这样那样地成为青少年的楷模，青年人并不应如电视广告的语言"青年人没有什么不可以"，不可以的地方很多，譬如法律所不容的，你可以吗？当然，我们不能要求艺术家都是圣人，但我们至少应该要求艺术家"知耻近乎勇"。多少次要求节目主持人要重视仪表，让他们知道蓬头垢面不是潇洒，花里胡哨有悖创意，然而不少电视台的主持人忘记了这最低的要求，我相信，青少年从你们离奇的、不伦的装束上，学不到审美上的和谐。

我想，艺术家，尤其是阔绰的艺术家们，对时代应深怀感激之心，一部分人先富起来，首先是你们，因之，应执行契约社会——和谐社会对你们的起码要求，应该将你们的个人收入纳上应付之个人所得税，我可以坦诚地告白于世的是，近三年我所纳个人所得税已逾千万，三次获得税务局的嘉奖，所余之款，大量施之于社会教育事业，是中国"十大慈善家"之一，而我个人则所需甚少。

当然，我不会忘记我最本分的工作——创作文艺作品，在社会主义先进文化的发展之中毕力奉献。"丹青不知老将至，富贵于我如浮云。"这是杜甫《丹青引》中的名句，季羡林先生曾书以赠我，刊于十年前我60生辰的画册首页，十年过去，我已真正成为皤然一翁，犹忆曹操："老骥伏枥，志在千里；烈士暮年，壮心不已。"这是我向这和谐的社会所可能表达的真实不欺的心音。

范曾于抱冲斋

2010年10月范曾先生《国学开讲》系列讲座在中国人民大学举办

国学刍议

一个国学的热潮正方兴未艾地在全国以至全世界蓬蓬勃勃地形成，这是有史以来未曾见的一个奇迹。当一个民族兴旺和发达的时候，它的文化便为国人和世界各国人所瞩目、所欣赏、所钦羡，这无疑是一件值得庆幸的事。回想170年来，中国所经历的种种屈辱和不幸，再回想60年来中国的崛起和强大，当然，我们内心充满了自信和自豪。记得在今年春节文联所举办的联欢会上，朱军希望我在喜庆之日对祖国讲几句话，我说："祖国，我分享你的光荣和尊严，我分担你的痛苦和灾难，因为你的名字叫：中国！"这是我发自内心的由衷之言，而这句话不胫而走，为很多的学人和青年所激赏。

有些学者对国学热有些忧虑，希望它稍稍冷下来，我想，他们的忧虑无非是一种真诚的"求全之毁"，希望把国学的推广做得更脚踏实地，更有章法和成就，这当然是严肃而认真的。但是我想，普天下的事物发展总有一个摸石头过河的过程，因为国学经过近百年来的冷遇，人们对它如何光复，如何适应当下时代的要求，正无任何参照系来比列。因此，目下所出现的各行其是，倒是一种必然的现象。因此，我的意见是听其自然，总会有些办法渐渐为世所公认，从而正规化、秩序化、体系化，这先置而不论。

谈到国学，我们需要先为它正名。什么是"国学"？那么，我们先得为"学"字正名。什么够称得上"学"？"学"者，有创说者、有经典、有传承和弘扬的群体，同时还得加上时间的考验和地域的流布。够得上这样的条件的"学"，就可以蔚为民族文化的传统。而"国学"云者，我们最简赅的定语，应该是"先秦之学的生发"。宛若我们所称的"西学"，应该是"希腊之学的生发"一样，我们已然找到它的源头，那是公元前5世纪至公元前3世纪，东西方的学问遵循着不同的思维方法生成的伟大的文化轴心时代，这二百年对人类至关重要，在中国即从孔子到孟子这段时间，而希腊则是从苏格拉底到亚里士多德这段时间，孔子在公元前479年去世后十年，即公元前469年苏格拉底诞生，这真有些巧合，当然对人类历史而言十年是太短暂了，孟子和柏拉图、亚里士多德有些年月同时生活在地球上，不会有任何来往的可能，那时的地球在他们心目中是大不可方的存在，亚里士多德的"地心说"，还以为太阳围着地球在转动呢。

"国学"的生发期在中国的春秋、战国之世。当然这以前，各种学说之雏形已具，如管仲之"说"，然尚不足称"学"。今天所提倡的"国学"，大体限于"儒学"的范围，所以全世界只有"孔子学院"，而没有"老子学院"、"墨子学院"。其实，这也是摸石头过河之一端，因为儒学毕竟是中国2500年来的主流之学，是当下用得上的面向社会、人生，提升人类道德、伦理的一种普世之学，经过了历史的考验和地域的流布，有为世所公认的经典，对今天的世界和中国都有用，这是毋庸争辩的。以儒学作为"国学"推广的开端，也是必然的。

然而，国学决不止于"儒学"，以先秦学派而论，春秋之世儒、墨、道三家影响最大。战国中叶之后，儒、墨、道、名、法、阴阳六家并起，而至战国之末分为九流十家。《韩非子》中的《显学篇》，"显学"二字与今人称之"显学"即时尚之学不同，是为彰显各家之异同，说的是各家虽自标孔、墨，却各有变异，这是后话，今且不表，只是提醒一下"国学"是一个博大精深的境域，不是一句话两句话能完全陈明的。

近世胡适先生开列了《一个最低限度的国学书目》，赫赫然经、史、子、集数百部奔来眼底。读毕这些"最低限度的书"须几年的时间，什么也别干。那么"最高限度"，那就是一片汪洋大海。《四库全书》也只到乾隆，就有八万卷，即使皓首穷经，也只能读其百之一，所以，我们必须做的事是选择。古人也做过类似的选择工作，如《子史精华》、《史通削繁》之类，然而同样是帙卷浩繁，对当下的青年没有用途。

近世李笠所编《三订国学用书撰要》则就哲学、史学、文学、小学（指文字学之形义、声韵）作了颇为完善的科学分类，如哲学一项，李笠即将其分为群经哲学、诸子哲学、释氏哲学、哲学史诸章，有条不紊为前所未见，这作为有志于国学研究的青年，无疑有指点迷津的作用。

目前对"国学"的解释，众说纷纭，有以为武术、弈术、算数术、建筑术都是国学，固然这其中有甚多发源颇早的"术"，但以前边所提出的"学"的标准，似乎应该属于"术"的范畴而不够"学"。神农尝百草，固为中医之源头，然中医在先秦之世恐仍在"术"的范畴。由"说"而"学"，和由"术"而"学"，都经历过漫长的历史，它们的强大有待于自身的生命力和社会价值的判断。历史的淘汰律是无情的。能立得住的，必有其立得住的道理。先秦已有医术矣，经历代名医如汉张仲景《伤寒论》、唐王冰《黄帝内经素问》、明李时珍《本草纲目》等著述出，其称中国"医学"的条件始具备。中国书学、画学等等亦以此标准类推。唯独中国的诗学起源最早，没有哲学的时候人们便会唱歌，会祝颂，而"诗学"又经过了孔子的精选，所以成为最早的经书之一。

有了上面的分析和认识之后，我们应该如何做，才能使国学热从自发与盲动走向秩序和有效。这就需要当今的博学鸿儒们思考了。因为古人之《子史精华》，我们今天不一定以为是"精华"，甚或有糟粕混杂其间。我们是不是可以在近代比较经典的选目中如章太炎之《国故论衡》、梁启超之《治国学的两条大路》、胡适的《一个最低限度的国学书目》、李笠的《三订国学用书撰要》中选其精中之精、要中之要，再分高、中、下三层次编出一个当今青少年必备的、人手一册的国学读本，也许这件事不会太艰难，社会上文化工程甚多，这一项是目前必须考虑的有长期战略意义的工程。

滋蘭九畹

大道昌明天下闻
——就改革开放三十年答盈午问

邵盈午：今年是我国改革开放三十年。回顾三十年所走过的道路，需要总结与反思的东西确乎很多。作为当代艺术大师，您近年来一直大力倡导"回归古典"，并得到艺术界广大有识之士的积极响应，可谓"大道昌明天下闻"。那么，您能否从传统文化的角度谈谈三十年中国画的繁荣与发展，目前还存在哪些亟待解决的问题？您对中国画的前景是否持乐观态度？

范　曾：改革开放三十年，中国各方面的突飞猛进，是有目共睹的。它所获得的巨大成就，使有创造力、有自信心的中国人看到一个古代的文化大国的振兴和崛起。它不只有着令人赞叹的历史，而且未来于国际事务上，有无可旁贷的担当。传统文化得到了前所未有的重视，尤其中国的学人们看到传统哲学、伦理学、社会学中所倡导的人文主义精神和启智性的深刻内涵，在学界呈现出一种深入探讨和普世推广的学术风气。中国画也同样受到这时代甘霖的润泽，艺术家们身心为之活跃。市场以兴，促进了中国画在国内外的交流，人们不再囿于在狭小范围内小试拳脚，而是希望自己能在更大的舞台上一展身手。当然，大部分中国画家不再为经济的窘迫所缚，这也是一种必不可缺的物质条件。

然而就中国画这一伟大的传统艺术而言，它所需要的不只是表面的繁荣，坚其内质，则是更不可忽视的。中国画家们亟须注意的是自身修养的提高，必须深知中国画是哲学的、文学的、书法的，当我们以发展中国画的守望者和护持者自励时，便应"纷吾既有此内美兮，又重之以修能"，"大任"当前而不让者，必有大怀抱、大愿力。不斤斤于一时一际的得失，而在毕力平险、恪尽职守中体现生命的价值。当中国有一个巨大的、为中国画前进甘于寂寞、沉浸于艺术探索、义无反顾的族群时，我才敢抱乐观的态度。现在过于乐观，为时太早。因为我们深知文化的前进与经济的发展两者既可能有同步的盛景，也可能有趋舍异路的状况。甚或经济在前进，文化却在颓萎也并非仅见。这已为欧洲20世纪40年代后期至今的状况所证实。重蹈覆辙，绝非中国人所乐见者。

邵盈午：好。与大智者思维的灵光相遇总是令人激奋的事情；在当今的美术界，随着价值谎言的大量丛生及人们对真理感受性的日益退化，艺术的使命从未像今天这样沉重；基于这一语境，您在上世纪就曾提出"回归古典，回归自然"的艺术主张，而您的长诗《庄子显灵记》，则为中国传统文化内在价值的真正确立开辟了一条光明的道路，建构了一座古典精神的丰碑。《庄子显灵记》所展现出来的精神定向，正是经过整合、弘扬的传统文化精神将要展现的；而诗人在理想实现过程中所面临的种种困境和挑战，也正是重塑古典精神、高扬人文大纛的过程中所无法避免的。您能否结合《庄子显灵记》，具体谈谈您近年来大力倡导的"回归古典"的人文意涵？"回归古典"的终极目标是什么？

范　曾：人类文化前进的原动力，其来有二："天"和"人"。天者，自然也；自然者，自在已然之存在也。天地的大美是宇宙的无尽储藏，取之不尽，用之不竭。人类历史上任何一次的文化大进步，都是人类与自然的蜜月期。爱慕自然、崇拜自然、敬畏自然，那自然会为悦己者容，它会尽其所能，成就艺术家的创造，人类一切的文化瑰宝随之以生。因为你在天堂之中，承受着无量的光照。反之当人们以违拗自然规律为乐，嘲笑自然、亵渎自然、丑化自然，当你愚蠢到视自然为弃妇的时候，它会由一个天生丽质的美人，变为一个严厉而无情的审判者，把这些忤逆者打进万劫不复的地狱。其实，这天堂和地狱本在自心，心外何来天堂和地狱。所有与自然为仇寇的人，都无法掩盖其怯懦而欲苟活的卑微心态，既患于得又患于失，因为活得缺少尊严，却益发妄自狂悖以至于疯狂。世俗又多有狡猾的评论家和痴迷的群众，对他们有悖常理的言行垂以青睐，使他们误以为自己是天才。这一切上溯20世纪20年代以后的西方现代派已作了最佳的演示。然而，这决不应当成为中国画现代化倡导者们的旌旗。

　　至于"回归古典"，决不是教人们到故纸堆中讨生活，更不是让大家重新穿上旗袍马褂。这"古典"二字有分教，我们指的是上古以还的中国历代往哲所遗存的经典思维之果，这当然是"人"这个字所包含的本质意义。凡属往哲不朽的灵智发现，都离不开对"人"自身的审视，对"人"的自处之道的深思。最近我所著《童心论》一文主要谈"童心"在老庄哲学中的原创和儒家的弘扬，将"童心"与宇宙本体联系起来，那就成为"大人之心"、"圣人之心"。而《童心论》的最后称"童心是人类的太阳"，人类倘能不失其本真之性，那么就能与天地精神相往还，艺术家而能与天地精神相往还，必是卓越而伟大的艺术家。

　　我的《庄子显灵记》所展示的古典哲理世界，既有东方与西方思维方法的龃龉，也有在至高境界的邂逅，《老子》书中："天地不仁，以万物为刍狗，圣人不仁，以百姓为刍狗"，过去对此语有所误解，老、庄都主张不要忘却宇宙的本真之性，而"仁"、"义"这些概念的形成正是在大道已废之后。所以天地是大道的所在，它会让万物自在地生存着，如刍如狗；而圣人也是大道之所在，也会让百姓自在地生存着，如刍如狗，这儿是对天地、圣人的礼赞，绝无批评之意。而"刍狗"一词，只言自在状态中的生命，也绝无贬损之意。

　　当人能与天地精神相往还的时候，那就是天人合一的时候，而自然的本初，人本身是自然的一部分，这就是洛阳二程所谓的

·我与故国六十年·

庄子

"天人本无二,何必言合"。庄子所憎恶的艺术是仅满足耳目之娱的艺术,而真正能摇心旌、动天地、泣鬼神的艺术,他同样是倾注了热情的赞颂的。

邵盈午:如果回溯一下近现代绘画的历史,便会发现那些作为一种纯精神性存在的大师的价值优势;愈是时光流转,人们对他们的怀念就愈加深切(相反,一些特别容易被人迅速知晓的名字,如各类大众明星,被人遗忘的速度往往也同样快捷;他们的光色必须不断闪现,才能强化人们对他们的印象)。请问先生,您最推重的现代绘画大师是哪几位?您认为他们对中国画的繁荣、发展作过哪些突出贡献?

范　曾:昨天即今日之传统,今日即明天之传统,传统就是过程,就是时间流逝,就是时间一度性中人类的集体记忆。这集体记忆或者是哲学、文学、艺术,或者是数学、物理学、化学,其高焉者便构成记忆的山峰,常青不败,"青山依旧在,几度夕阳红"。那些"纯精神性存在的大师"指他们的精神与天地相往还的神圣之果是堪与天地比寿,与日月齐光的。传统之流,逝者如斯,不舍昼夜,当它淘尽了一切的渣滓之后,留下的必是永恒的人文价值。自徐悲鸿、黄宾虹、齐白石于上世纪50年代逝世,继起者是一批卓尔不群的大师,山水画界的李可染、傅抱石;花鸟画界的李苦禅、潘天寿;人物画界的蒋兆和、黄胄,都是前足以继往、后足以开来的大师,20世纪80年代之前,是千日当空、繁星闪烁的中国画辉煌期。有这些大师罩着,各地诸侯似乎都能安其居、乐其俗。80年代之后,巨星陨落,群雄并起,而市场的兴起,由画家而变为运动员的大有人在,叫嚣乎东西,隳突乎南北,疲于奔命在名利场而惰于艺术的沉思和追索,"大师"的内涵丧失而外延则无限扩大,"大师"已成为了廉价商品。我想,恢复"大师"的尊严,只有耐心地待以时日。

邵盈午:是的,一代又一代的大师们森森然的存在,在文学史上已然叠加成厚重的影子。因此,作为一个具有雄心伟抱的艺术家,首先必须融入传统、重新发现传统,然后才能丰富传统,乃至超越传统进而作出个人的贡献。也就是说,你越是能够重新发现传统,对自身的创新使命认得越清,属于你的"个人创造空间"才越大。请能否结合自己的创作经历,就"传统与个人"的关系问题谈谈您个人的识见?

范　曾:任何天才,都生活于传统之中,我们有祖父的祖父的祖父,还会有孙子的孙子的孙子。人类变为另一种动物需要千万亿年的历史,因此对生年不满百的具体的个人而言,我们无法过高估计自身的力量,以至如毕加索称"我就是上帝"。我们所能做的,正如牛顿所言是在巨人的肩上再跨进一步,哪怕微小的一步,也功莫大焉。艺术的前进是艰辛的,而艺术家的修炼又是长期的。对传统无所认识的人,绝对不会有所创树。我曾对国学有个七字简解:"先秦之学的生发"。国学的历史是一个生生不息、不断发现的过程,自孔孟而子思、曾参,自董仲舒而张载、朱熹、王阳明。他们的学术,渊源有自,大纛独立,这才叫真正的继往开来。世变愈亟,则为天对学术、艺术所寄之人笃之愈至,这是今天使命"沉重"的根本原因。

邵盈午:妙哉此论!由此我又不禁想到:长期以来,美术评论界总是强调"变",推崇"新",鄙夷"保守",醉心"追逐潮流",为什么会这样?这显然基于某种深刻的思想文化根源与社会心理背景。整个20世纪,对人类影响最大的基本思想就是所谓"进化"、"维新"。作为一种理论主张或一种救国之策,它当然有其存在的合理性(但"进化论"在历史上确实起到为殖民主义提供理论根据的作用)。但逮至20世纪中叶以后,"进化"、"维新"已然变成国人的一种基本价值观,并习焉不察地以这种价值观来审视艺术,由此所导致的一个最基本最常见也是最严重的错误,即人们(当然包括那些美术评论家)普遍信奉一种进化论的、表面的时间观,即总以为现在比过去好,将来比现在好;新的就是好的,"变"胜于"不变"。但我认为,书画艺术作一种文明形态,一种智性品质,其本身是无所谓进化与不进化的,更不能用一个简单的前后序列来界定其高下。如果这种"求变求新"是出于一领风骚的心理则更显荒唐。不知先生是否同意我的观点,您对此有何高见?

范　曾：" 进化论"作为19世纪达尔文的科学理论,对世界的影响是无可估量的。然而在达尔文晚年,他自己已发现以他的理论来统摄整个生物界,显见必有疏漏。他以为在自己死后,反对他的观点的材料,将会比支持他的观点的材料被发现得更多,甚至他自己以为倘若人的眼睛是进化而来的,简直不可思议。然则,达尔文的进化论,迄今依然是解释生物学进化的经典理论,这是毋庸讳言的。达尔文之后英国哲学家斯宾塞提出了文化进化论,削足适履地一依达尔文的法则运用到人类文化领域,结果立刻显其窘迫蹇促,表现出哲学的贫困。我们不妨以为他是一位迂阔的学者,而后殖民主义的资本大鳄,正为此理论的出笼窃然而喜,庸俗社会学直接效忠于国家、民族之间的弱肉强食。

我以为文化是人类灵智领域的产物,它的历史比起地球和宇宙的变化,为时甚短,即以人类的审美而言,天赋的遗传基因,古今一概,略无差距,于是由这样审美冲动而创造的艺术品,很难说今必胜昔。各个时代有各个时代所独具的、不可替代也不可重复的美,历久弥新是人类一切艺术遗存的价值所在。艺术只有好坏之判,而没有新旧之别。几千年前的艺术珍品,和今天的艺术珍品,可以放置于同一个天平上,不会倾斜。《楚辞》比《诗经》进步了吗?宋词比唐诗进步了吗?没有。

西方古典主义艺术的被颠覆与最后彻底丧失,其原因是艺术进化论代替了艺术本体论,谬误掩盖了本真之性。理念先行是一切违背灵智自然生发的后现代派的理论根据,先有一个什么光怪陆离的理念横亘胸次,作品出来之后,依靠解释来获得观众。一般讲来,好的艺术品是不用解释便会使人以为它好的,宛如鲜花的美艳,连蜂蝶都会感觉到,更况智慧如人。西方人对"新"的追逐，和商品经济求新求变以求售的心态有关，人们的艺术评判标准，由"好"和"坏"而变为"新"和"旧"。艺术家不再在艺术本身作舍身求法的、殉道式的追求，而是对市场察言观色，取媚的鄙俗代替了趋雅的神圣，仰人鼻息的艺术家永远是低贱的。我们在罗丹雕刻艺术馆，以仰慕之情看着这些不朽杰构，回望巴黎街头的雕刻真有伤心悲凉之感。一切倚赖于质地（钢、化工副产品等等）所堆叠起来或者在线、形之内玩弄小主意的作品，与垃圾何以异？艺术毕竟与社会、制度不同，后者的维新，主要是在统治方法和社会契约范畴内的前进，可恨的是对维新并不甚了了，而"咸与维新"的人，在社会变革中这些人不是投机，便是愚氓。从《阿Q正传》中赵府的少爷，到头发上插一根筷子的阿Q都属此类。那么，在根本不应以"新"、"旧"来判断的艺术领域，"咸与维新"就更显滑稽和愚蠢。

邵盈午：其实，这种"滑稽"与"愚蠢"早已屡见不鲜，愈是在创作上不见长进的人，招牌换得愈勤。我愈来愈强烈地感到：那些追逐新潮的画家们，个个行色匆匆，处处标新立异；问题大概出在他们并不真正尊重艺术本体，有太多的来自艺术外部与内部的人为因素将艺术创作变成一种虚张声势、矫揉做作的行为。可一部中外文学艺术史却在不断地证明：真正具有永恒品质的大师恰恰是那些跟社会潮流与时代的风云变幻关系不大的人，他们留住的是时间，一种永恒的时间；而那些不断地标榜"前卫"，不断地紧跟潮流的人，却总是不断地被潮流所抛弃。对此，不知先生以为如何？

范　曾：一个真正的艺术家，当然不会对时代的进步漠不关心，无动于衷，但他们不是弄潮儿，不是社会活动家。也就是，他们沉浸艺术的深思冥想中的时候，有一个更为奇妙的世界需要他竭诚尽智，这个世界与现实世界保持着一定的距离，艺术属于永恒，而世变则是属于过程。陶潜的诗篇似乎和东晋时的时代震荡关系不大，然而英雄来复去，诗篇却留着。陶渊明笔下无心而出岫的云影，一直飘流到今天,这是不朽的存在,就是你所称的"永恒品质"。

有人提出这"永恒品质"与表现时代主旋律是否有所矛盾,我以为不是如此。譬如这次我应奥运会美术大会所作《弈秋课徒图》就是一种巧妙的结合,奥运会是有悠久历史的体育运动盛会,第一次奥运会距今已有2700年,而2500年前,中国便有博弈之术,这不只是古老的体育,同时是古老的文化。古希腊和古代中国东周都是人类文化的光荣时代,而通过我的文人画笔法描绘出来,敬献给2008年在北京举办的奥运,祝祷圣火的辉煌,这难道不是主旋律吗?

"永恒品质"是艺术本体的需要,而能体现"永恒品质"的艺术家,则必是面貌独具的,这才能展现多元性的文化特质。

没有主见来源于知识的匮乏,而没有定力来源于自信的不足。

蜂蝶跟涛式的起哄,造就不出大文化。自以为"前卫",恐怕正在食西方的剩菜残羹。我们既不要做深藏岩穴的隐士,也不要做追潮逐浪的"勇士"。我们需要的是坚如磐石的意志和静若止水的心境。

邵盈午:20世纪下半叶以来,中国画的生存危机,实际上缘于20世纪的中国历史抛弃了"文人"这一文化主体,背离了为文人所守持与追求的"道",以及中国画学的形而上精神。而您几十年来,一直执著于对"道"的体悟,对这种形而上精神的恪守,对"古理法"的探求,对"笔"、"墨"之间的深度体验,拳拳于"内美"的价值理想与道德自律,深入发掘我国古典文化宝藏中所蕴含的菁华。这种在追逐新潮者看来不无保守之嫌的修为,在您那里却生出一种极富魅力的人文意境。请您结合自己的创作实践,具体谈谈您在这方面的独特体悟。

范　曾:前面谈到我们都生活于传统之中,传统者,人类的集体记忆也。一个人的智力再发达,他也无法漠视千百年睿智之士殚精竭虑的思考和熙天耀日的创制。我们对自然和往哲都应抱着虔敬之心。形而下者谓之"器",我们可以称其为"文明";形而上者谓之

和而不同

戊辰 范曾

"道",我们可以称其为"文化",中国由于重形上之学,而鄙夷机事、提防机心,的确我们于科学上、机械上落后于西方,但由于中国形上之学的启智性,使我们很容易于科技上达致文明最昌盛的国家,这已为三十年改革开放后科技的突飞猛进所证实。我以半世纪的时间,朝斯夕斯于中国形上之学和诗文书画的研究,也颇有陶潜游桃花源的感受,当我心灵豁然大朗的时候,我早忘记了世俗蔽美称恶的陋见。当我的艺术无愧于西方的大师之作时,我相信,这不是我个人的力量和魅力,乃是中华民族人文精神所赐予我的博大心胸,我们当然应该有再造玄黄、重扶日月的时代抱负,我为中国而自豪。

"走向现代"这个口号被先锋诸公滥用之后,必造成语义本身的模糊,哲学概念的界定上出了毛病。走往过去、走在现代、走向未来这三个"走向"是不矛盾的或者是三而一的。倘使只剩下后现代,那就面临了断层的危机,无所从来,不顾后者。所有的后现代作品,都既没有过去,又没有未来,它也就不在现代。因为他们既看不上古往圣哲,那怎么会创造一个崭新的"现代"?"现代"两个字的含义还说不清,如何成了直面人生的勇士?如何就拓展了未来?

现代是一个时间的概念,只有当它和过去、未来三而一的时候,才具有历史流变中记瑰而博、才辩而通的哲学意味。一味逐新求变者往往是一种伎俩、一种小动作。唯有常怀凌烟之思、奔赴绝域之志者,对传统的遗存才可能有大气以包举之能力,够得上这个评价的,然后称"大师"不晚。

邵盈午:您在上世纪就曾明确提出"和谐"这一重要概念,从您近年来发表的一系列文章看,仍不断地强调"和谐"这一主题。您为什么一再强调"和谐"?它的精神意涵与文化意义究竟是什么?它是否是对"文化全球化"的一种回应?

范 曾:子曰:"君子和而不同,小人同而不和。"(《论语·子路第十三》)

《论语》上这两句话,是富于哲理的。"和而不同",是建立和谐社会的根本原则。不同,说明社会本身是多元而丰富的存在,可是这"不同"却可以在"和"的大方向中构建一个讲信修睦的社会。"和谐"正是多元文化之间的相通的桥梁。如果"不和"就不会有人类社会的安定,那就是小人当道的所谓"同",这"同"实际上是表面上的一统,却不是实质上的和谐,今天的世界霸权主义,正是这种小人的一统之思,文化全球化正是后殖民主义的谬种在世界的流布。

中国画这片神圣的境域,我们要悉力地呵护,坚定地保卫。中国画是我们民族灵魂的一部分,"和谐",是今天中国人向全世界奉献的无价之宝,世界上所有的各族群的文化都应生活于平等之中,这里没有居高临下,也不容许霸权主义。宇宙是"大音希声"的和谐的大存在,人类对宇宙的根本法则和铁律——和谐,唯一的选择是敬畏。

邵盈午: 您无论在艺术创作还是学术研究中,始终将"艺术本位"作为一贯的坚守。在当今后现代文化来势汹汹的大背景下,您的这种"坚守"更显得更加可贵。您最近又提出自己是"中国文化的忠实守望者",请问在价值观念多元共存的今天,您认为一个艺术家应当"守望"什么?在人文精神普遍衰颓的今天,怎样才能做到"于风云中立定精神"?

范　曾: 价值观念当然是多元的,但有一种人类的根本价值,那是万有得以存在、地球生命得以延续的价值,这价值不可以量计,不可以量化,它就是"自然价值观",而中国人是最早认识到这才是根本的价值观。人法地,地法天,天法道,道法自然,这"法"是无法估量的根本价值。中国文化中的形上部分,对它所作的论述,构成了国学之根基,往哲无不在"天人合一"方面进行深思和发明。"人"便是以身体作为天地精神之载体,当身心与天地谐合时,六脉调和、心灵纯洁、精和气顺;反是则形容枯槁、心灵混浊、精枯力竭,当然这其中不只包含着精神之人也包含物质之人。中国文化所释放的无量智慧，将是地球上所有族群都会渐渐吸取的，德国的海德格尔正是从佛、道得到启示。

今天的世界人文精神之衰颓不只在玄冥之域，即使在理性和契约之域也呈现了苍白。然而我们自信，中华民族毕竟已非道光之后的完全颓萎、疲惫的族群，民族精神的凝聚和焕发都是在突发事件之后体现的。汶川地震虽是一时一地之事，而全民族的人道主义精神已震惊了全世界，对奥运圣火的维护，更是中国人为全人类的友好、团结所作的杰出贡献。

中国有大希望，光明在前。屈原《天问》有云："邃古之初，谁传道之"，我们需承继者，正是屈原问之于天者。那么我们可进一步问："当今之世，谁传道之"，这个问题的回答者，应该属于每一个有志于中国文化复兴的中国人。

邵盈午： 好！今年是我国改革开放三十周年，也是您的七十大秩。您曾说过，目下可能是几十年来所遇到的文化发展最好的时节，我们要珍惜。从您目前的生命状态来看，可谓精力弥满，新作如泉，不愿稍自暇逸。听说您最近正准备撰写一部重要的学术专著《中国画研究法》，最后想请您在此透露一下目前此书的写作情况及主要论点？它的价值意涵与理论目标？

范　曾： 梁启超曾有《中国历史研究法》，傅斯年有《史学方法导论》，皆有感于彼时对历史研究领域缺少科学而正确的方法，发而为文，纵横捭阖，有为史界所从未闻者。我从事绘画与史论之研究积五十年之探玄测奥，也颇有以锥划地、以管窥天之愿，虽不足与先贤比量，亦颇能自抒怀抱、于世有济。唯本人为文，往往荒唐谬悠之说滔滔乎不绝，故而下笔迅捷而不可间断，估计十万言，得待精神最佳时择吉日兮辰良一气呵成，而此前之腹稿酝酿已久，诸君请待之。

2008.7.18

范曾先生接受中央电视台《我们》栏目采访

关于艺术·人生·祖国的对话
——中央电视台《我们》栏目采访录

主持人：观众朋友，大家好，欢迎您收看《我们》节目。范曾先生曾经在《我眼中的中国》系列节目当中，让我们领略了中国国画、中国书法和诗词之美，三场讲座做完之后，我想观众朋友跟我会有同样的感觉，就是想比较全面地了解他本人。为了能够营造一个深入交流的空间，我们的交流方式和以往的谈话节目有所改变，变成了这样一个面对面、一对一的交谈，我们的谈话会在三个主题上展开：艺术、人生、祖国，这个题目也曾经是范先生在80年代中期做的一个讲演的题目，这个讲演当时也曾由中央电视台转播。20多年过后，我们还是用原来这个题目，因为艺术、人生、祖国，这六个字具有空前的涵盖能力。那么这样，一对一，以对话的方式跟您来谈，您喜欢这样的一个形式吗？

范　曾：我很喜欢，我是个特别喜欢聊天的人。

主持人：但是在聊的过程中，我们为了让问题深入，让大家更加全面地了解您，可能会问些具有挑战性的问题。

范　曾：没问题。

主持人：您的可容纳的空间是多大？

范　曾：我想，胸怀大小都是因人而异。雨果讲过一句话，比沧海大的是苍天，比苍天大的是心灵。我以这个做标准吧。

· 我与故国六十年 ·

荷叶盖头归知是前山雨

主持人：好，非常感谢您有这样的胸怀。那让我们依刚才说的六个字——艺术、人生、祖国这个顺序来谈好不好？

范　曾：好。

主持人：我归纳了一下您的艺术，里面永远出现一个小孩，那么我妄自猜想一下，这个小孩是不是您本人？

范　曾：您真是非常聪明。因为我想我画面上经常有小孩，而且您看画得像个小菩萨一样，天真、烂漫、无嫌无猜，就是浑然天趣的一个模样。这表达了我虽然是一个70多岁老人，可是还葆有一颗童心。童心它属于每一个能够和天地精神往还的人。我想我要永葆这样一颗赤子之心，来对待事物、对待人生，或者对待艺术。

主持人：其实这个小孩在您的画里面几乎是一个挥之不去的艺术形象。小孩和大自然融为一体，和智者融为一体。

范　曾：对。

主持人：所以在您那儿就是说，永恒的主题是智者、自然、童心。

范　曾：对，这个概括得非常好。我记得去年法国的米歇尔出版社出版我的一本大画册，它的标题就是《智者和儿童》，您讲的真是和他们不谋而合。

主持人：我还有一个感觉，这小孩，既和智者融为一体，还对智者投以一个欣赏无比、艳羡无比的眼神。

范　曾：不知道您看过我的《庄子显灵记》没有，这是一部新的散文诗，里面出现了一个神话式的儿童，他的名字叫未始，还没开始，未始。他最后和一个圣者合二为一。我想这个就是我在艺术想法上的一种奇妙的构思。也可以讲，在我的画面上老者和儿童是二而一的一个存在。

主持人：永远愿意和智者为伴，与自然为伍。

范　曾：是。

主持人：是这样的一个人生追求，其实在三者的关系里面，应该揭示得比较清楚。

范　曾：是。

主持人：我还发现您擅长人物写意画。您的人物写意画包括爱因斯坦、黄宾虹、王国维，还有钟馗、老子、庄子，全都是智者、哲人、大师，可不可以说您的精英文化的倾向特别厉害？

范　曾：也许是因为我自己的家庭出身，我从小所接触的人和事能够引导我走向一个这样的途径。作为一个文人世家必然对民族文化有些不同于一般人的感受，这种感受也许来自于耳濡目染，也包含着我的父辈对我的指点。在这样的教育下面，我可能对中华民族的精英文化有一种本能的趋同。而这种本能的趋同就促使我走过了几十年漫长的道路。而在这一过程里做什么、画什么，我会有我的一个选择标准，譬如讲我画《鲁迅小说插图集》，其实当时是我病非常重的时候画的，那时候我觉得很难坚持下去，因为当时是恶性贫血，我的血色素大概5.6，那时候脸是青的，整个手伸出来，指头雪白。可是自己在病床上想，我会做得好，会做得好。而且我有信心，这是很难的难题，因为鲁迅先生的小说太了不起了，如果插图画得不好，就成为多余，甚至会破坏他的小说。当时的江南一带的生活状况和场景，比如讲祥林嫂穿什么衣服，孔乙己穿什么衣服，咸亨酒店到底应该什么样子，这些我当时都没有资料，可是我忽然找到一个非常重要的资料，就是晚清有一本报纸叫《申报》，《申报》里面有个画插图的人叫吴友如。吴友如画东西，绘画技巧并不是非常高，可是他画现实的东西非常之准确。你比如讲家里的床，旁边放什么东西，一个棺材应该什么样子，棺材前面垂幕什么样子，挂什么东西，这些东西对我来讲都有用。你比如鲁迅小说里面一个人物，魏连殳正在痛哭，就在棺材旁边哭。这棺材，该画成什么样的？吴友如的画报里就有这个东西，我改变一个角度就行了。当时资料极少，不像今天有电脑，可以随手下载。我在病床上整个画了有两个月吧。

主持人：我特别想听听您对这种民间文化甚至来源于民间文化的一些艺术家的评价。

范　曾：我觉得中国的民间文化，它和士大夫的文化、和宫廷的文化不是截然分离的，我内心对它是尊重的、重视的。看这些东西的时候，我完全不是用一种俯瞰的方法来看的，我用一种激赏、平视的眼光，因为这里面有很多文人所非常需要的一种天籁。而这种天籁是艺术的根本，是艺术的灵魂所在。民间文化里充满了这些东西，所以对民间的东西我也进行一些搜集，我感到非常有意思。一次到内蒙古去，看了他们的刻字，我就让他们一个很有名的刻手给我刻了一只老虎、一只兔子，老虎是我的生肖，兔子是楠莉的生肖。刻的老虎也不是非常像，兔子也不是非常像，可是，那种稚拙感，那种天然的不加修饰的感觉，实在是非常值得我们欣赏的。

主持人：这种民间艺术对您的艺术有过影响吗？

范　曾：我想对我的艺术不会有直接的影响，而是感觉上的、心灵上的，我想这些东西是灵魂的东西，很难直接地体现在一个画面上。只要是美好的，对人都是一种健康的灵魂的补品。

主持人：您的画里面有诗，诗里面有画，而且书法也体现在上面，整个这样的一个表达方式，让我想，如果把现在我对面的范曾先生放在清代、明代，也是可以的。

范　曾：你这个问题后面是不是潜伏了另一个意思：就是我的画缺乏时代感？

老子出关

主持人：我希望看到一种时代感。

范　曾：那么你理解的时代感是种什么内涵、什么外延？

主持人：19世纪末、20世纪初，是完全地改变了，因为外敌的入侵，中国慢慢地痛苦也好，扭曲也好，融入了世界文化当中。比如说战争的煎熬，战争带给我们的苦难、我们的饥饿，我们的贫穷，所有这样一些东西，还包括我们今天国家的兴盛，都很难从您的画里面体现到。其实我渴望时代感，看到您这样一个很了不起的艺术家的画里面为什么过滤掉了这样一些东西，是用什么东西过滤掉的？

范　曾：这是由我对艺术功能的本质的理解所促成的，人类的生活也在不断地前进，可是作为人类的心灵来讲，善和恶、美和丑，从遥远的古代到今天不会有特别大的差别，人性之美有个永恒的标准。孔子讲："己所不欲，勿施于人。"譬如讲赤子之心，它并不因为年代岁月过去、朝代更换而有什么特殊的变化，它恒久不变，实在是人类赖以生存的一个美好的内核。这种美好的内核并不一定要通过现代人来表现，我可以借助一个古代人作为我的载体，来表达我对这种美好的追逐。这是我所以画这些画而且乐此不疲的一个原因。其实我画现代的人物没问题，我也画得很好。可是我更热衷于一种把中国古典传统留存下来的对诗意人生的一种裁判。这种诗意人生裁判，对我来讲是一个与生俱来的甚至作为一个文化家族遗传基因里所不可缺少的、舍我其谁的那种历史责任感。

主持人：如果我们现在先把时代放在一边，只讲您的人生，您的前半生，就这前半生，我觉得也充满了曲折和坎坷。有很多艰难的时刻，我始终就想象不到。您的书法、您画的作品和您写的一些诗词，它们能充分地表达您的情感空间吗？当我坐在您身边的时候，这么多小时，我感觉到您是内心情感极为丰富而细腻的一个人，而我觉得这样一些艺术形式，它的手段、篇幅、内容、容量，都好像不够表达您如此更深邃、更细腻的情感，它好像更加的固化。

范　曾：艺术的遗憾可能正在于此，因为对于艺术来讲，无论是语言的、绘画的，还是音乐的，都是有限度的，而人生是无比丰富的、不可言说的，真正言说出来，就不是原来那个东西了。不过我想除去看我的画以外，再看我的诗歌，看我这些文章，你会渐渐有些体会，这里面透露出一些消息。我在表现自己的寂寞的时候不会说：我多么寂寞，我多么痛苦。我写窗外的鸟，我说："庭芜又见正春韶，听隔窗和鸣喧嘈。番语枝头雀，不是家山鸟。梦醒今朝，方觉得音书杳。"早晨起来，听见外面在叫，可是讲的是外文，这鸟，不是家山鸟，梦醒今朝，方觉得音书杳。今天醒，家里的来信越来越少，那么这种内心的凄凉感，还包含着一个最大的热度在后面，就是对故国的爱和感情。

主持人：其实在三种艺术形式里面，我在您的散文中，倒是发现了情感的丰富性。我自己的感觉是，您的绘画好像比较束缚您的感觉。无论是您画钟馗，还是画黄宾虹，还是画老子那种感觉，我也妄自猜度一下，其实都有您范曾的个人气势在里面。

范　曾：这个太对了，因为古往今来，很多的大艺术家都在画一些自画像，这自画像可能是女人，可能是小孩，可能是老头，可是非常相似，这种似，是一种神似，是一种意味上的似。这种东西我们在达·芬奇、米开朗基罗的作品中能看到。米开朗基罗是很瘦弱的小老头，可是我们为什么能在他的强壮的雕刻上看到米开朗基罗，那是米开朗基罗的心灵。我想，任何一个大艺术家在自己的作品里没有自己，那他就是隔靴搔痒抓不到痒处的。

主持人：任何一个艺术家都应该是一个思想家，没有思想的话，他的表达是空洞无物的，我想这是艺术作品的生命力所在，那我特别想听听您对您的艺术思想的集中概括。

范　曾：一个艺术家能够在自己的艺术作品里真正形其哀乐，那么这个艺

黄宾虹

术家必然要抛掉很多形骸以外的东西,艺术家是为感动而创造的,如果讲你无所感动,你画什么都不行,画什么都是冷漠的,你要使你自己的情能够有所表露,这需要很多的问题。第一,你需要通过理性来分析,另外,你要通过情感来体悟,当高度的理性和高度的情感合二为一的时候,那时候的创作状态,我想是最难得的。而这难得的创作状态的保持的时间不会是很长的。譬如郭沫若先生写《女神》的时候,他激动得手都发抖,年轻的郭沫若正是在这个时候创作出《女神》来。"文章本天成,妙手偶得之","俯仰之间,不亦越乎万里之外",我总认为,一个伟大的艺术家,需要有三个方面的准备:两方面准备是可以做到的,有一方面是不期然的,这就是灵、慧和智。这个智呢,好学则近乎智,只要你好学,你就渐渐会有智,这点人们比较容易做到。慧,你有没有慧根,你有没有感悟能力;你的慧根深不深,这个里面就有分教了。最难得的就是灵,它不是可以预料到的,它是不期然而至的,你想它来的时候它没有来,你不想它来的时候它来了。我说灵在什么地方?在阿基米德洗澡的澡盆里,这种感觉,他忽然发现了水的浮力,他在洗澡的时候感觉到了,浮力等于排开的水的重量。这种灵感,如果那天没洗澡或者第二天洗澡,如果没想问题,就过去了。

主持人:您这个总结非常好,智、慧、灵。

范　曾:对。

主持人:您觉得这三者您都兼具备吗?

范　曾:智和慧我想我毫无疑问具备,灵,有时候具备,有时候不会来。

主持人:您刚才讲,好的艺术作品是高度的理性和高度的感性集中表达的结果,您的那种高度理性是什么?

范　曾:它不只是一个人对事物的诗意的判断,也包含着历史的、社会的、

钟馗

人伦的、道德的种种因素，它绝对是一个大艺术家所必需的。至于感情，你对你所要描写的事情一定是处于一种高度的兴奋状态，这种兴奋的状态就来源于你对它有真切之感，而这种真切之感我们平常讲就是感情。当这两者高度结合的时候，就是阿波罗和狄奥尼索斯的合二为一。

很多艺术家，想艺术之外的事情太多，艺术之内的，就给他会很少。我总想到，我的艺术会给人类的文化宝库增添些什么，这个是我最大的也是最宏伟的一个追逐。

天地大美，云丝雾影，溪流瀑布，都是无可言说的美，它不需要张扬，它是自然存在，来到自然，不要急于拿着画本画，先心悟、体会，这多美。

主持人：范先生，其实在跟您交谈的过程中，我们强烈地感觉到您对中华传统文化的那种喜爱之情，真是溢于言表，您觉得东方文化好像是略优于西方文化，我这种感觉不知道是不是一个错觉？

范　曾：东西文化很难分轩轾，或者说分轩轾是一种多余，因为东西方文化，从轴心时代开始好像就分道扬镳了，各自到达一个极高的境地，在这个极高境地，它们又会几度相逢，不期而遇，这岂不是个非常有意味的历史现象吗？你别看我非常熟悉中国的典籍，其实我看康德的作品，看黑格尔的《小逻辑》，看《柏拉图全集》，看《亚里士多德全集》，看弗洛伊德的书，看海德格尔的书，我不能容纳的是丑陋而已，我能容纳各种观念。

主持人：这里面真的又涉及一个艺术本体论的问题，是不是？您说江山如画应该是画如江山？我始终觉得您好像还是在用一个艺术本体，即这种模仿的艺术本体来指导着一切，好像只有去模仿自然，把自然放在最高的位置，那才是正确的。我也不知道这又是不是一个错觉？

范　曾：这个不是错觉，甚至是我的画的核心。狄拉克好像讲过一句话，他说宇宙是用非常精密的数学构造出来的。我不反对有意味的形式,有意味的形式甚至对我都会有启发,我的本体论就是自然,自然是终极的本体,这个终极的本体是一个大不可方的东西,人类的智慧比起它来讲,可说是小智小慧。"人类一思考,上帝就发笑。"所以不要狂妄,我这是从遏制自己的狂妄心态,再输入给别人,如此而已。

作为一个艺术家,我觉得崇尚自然,自为一派,这无可厚非,因为他只能是一派,不可能是多派。不可能是一个变色龙,今天是这样,明天是那样,我觉得如果这样他的艺术也没有风格可言。一个学贯中西的艺术家,首先要表现出对其他艺术品种的包容力,因为现代艺术其实是以主体表达非常强烈的这样一个艺术,包括现代艺术和后现代艺术。人,是自然中的精灵,他对自我的表达,有的是一种痛苦的表达,现代都市生活是一种喧闹的生活,有时是一种异化的生活、扭曲的生活,那么我展示的东西恰恰是我的内心世界,是情感的一种宣泄,也是一种表达。它不可能永远是一种静的美的,所以当我们的心灵已经变成这样的时候,当我们的外在环境发生这样变化的时候,我用这样的艺术表达方式恰恰找到了我所在的时代感,找到了我和这样一个自然的对接。这种讲法是很普遍的,这是一种方面。另一方面是它所起到的一个怎样的社会的效果呢?有时候往往是使本来还没有你这样强烈的人,也强烈起来了。因此对待同一个事物,也有表现它的一面,也还有另一种方法,化解它。对佛家来讲,主观是太重要了,"以逆境为园林",现在还不是个逆境,仅仅是你感到社会现实生活在前进过程中一些不可避免的状态。我们在这种情况之下,是助长一些丑陋或者不好,使人们陷入一种烦恼好呢?还是远离这些,通过我们自己表达一个非常平和、和谐的真理,这种东西所表述的艺术更有意味呢?我选择了后者,可是我并不排斥前者。因为每个人心灵,有每个人心灵的情态自由,可是你如果讲完全离开了自然所赋予你的这个,无可比拟的、用数学,用精密数学计算出来的,一种美感,或者是与它整个对立,你的艺

术,可能不会非常好。

主持人：您选择了一种游离,可能您会游离得非常妙,但如果人家说,您这种游离是对现实生活的一种逃避呢?

范　曾：这个不会的,因为这个题材决定论已很古老了。

图书在版编目(CIP)数据

我与故国六十年(精) / 范曾著.
——北京:中央编译出版社,2012.1
ISBN 978-7-5117-0866-3

Ⅰ.①我… Ⅱ.①范… Ⅲ.①散文集-中国-当代 ②范曾-访问记 ③演讲-中国-当代-选集 Ⅳ.①I267②K825.72

中国版本图书馆CIP数据核字(2011)第077129号

我与故国六十年

范 曾 著
薛晓源 编

出版人	和 龑	总策划	薛晓源
篆 刻	王玉忠	整体设计	海 洋
责任编辑	高立志	责任印制	尹 珺
编辑信箱	momofofo@sina.com		
出版发行	中央编译出版社	邮政编码	100044
社 址	北京西城区车公庄大街乙5号鸿儒大厦B座		
电 话	010-52612345(总编室)		010-52612335(编辑部)
	010-66161011(团购部)		010-52612332(网络销售)
	010-66130345(发行部)		010-66509618(读者服务部)
网 址	http://www.cctpbook.com		
印 刷	北京雅昌彩色印刷有限公司		
规 格	175mm×260mm		
印 张	11	版 次	2012年1月第1版
		印 次	2012年1月第1次印刷
字 数	140千字 图45幅	定 价	88.00元

本社常年法律顾问:北京大成律师事务所首席顾问律师 鲁哈达